백성의 행복, 그대 손에 달렸네

三事忠告

백성의 행복,
그대 손에 달렸네

고전으로 읽는 청렴, 삼사충고三事忠告

장양호 지음 / 한상덕 옮김

경상대학교출판부

본 도서는 (재)경상대학교 춘추연구장학재단의 지원을 받아 출판되었습니다.

옮긴이의 말

우리나라에서 청렴에 관한 지침서로 다산(茶山) 정약용(丁若鏞)의 ≪목민심서(牧民心書)≫를 제일로 꼽는다면, 중국에서는 장양호(張養浩)의 ≪삼사충고(三事忠告)≫를 제일로 꼽을 수 있다. 이들 두 책은 모두 관(官)의 우두머리 된 자가 어떻게 청렴함을 지키고 백성을 사랑할 것인가에 대한 작가의 생각과 방법을 적어 놓은 책이다.

이 책들은 옛날에 편찬된 것들이라 오늘의 우리 현실과는 다소 부합되지 못하는 부분이 있기도 하다. 그렇지만 그 내용 중에는 오늘날 우리 정치 지도자나 공직자들이 마땅히 실천해야 할 청렴사상과 애민사상 등을 근간으로 한 다양한 지혜와 방법들을 다루고 있어서 시대의 변화와 무관하게 귀중한 가르침으로 활용이 되어 왔다.

우리나라는 그동안 경제적으로 참 많이 발전하였고, 국민 전체의 청렴의식 또한 말할 수 없이 높아졌지만, 선진국과 비교해 볼 때 아직 우리나라 국가청렴도는 대단히 부끄러운 수준에 머물러 있다는 사실, 숨길 수 없는 현실이다. 이런 까닭에 국가에서는 공직자들의 청렴의식 강화를 위하여 애를 쓰고 있고, 당사자들 역시 '청렴한 대한민국'을 만들어 가는 데 최선을 다하고 있다. 그럼에도 간혹 이러저러한 부정과 비리 등이 자행되고, 근시안적인 처사로 인해 체면을 구기는 일도 적잖게 일어나기도 한다. 아무리 촘촘한 법이 마련되어 있고, 아무리 빈틈없는 감사와 엄한 벌로 범법자들을 다루어도 이런 일들이 완전히 근절되지 않고 있음은, 역시 당사자들의 가치관 문제에서 답을 찾을 수 있지 않을까 싶다. ≪삼사충고(三事忠告)≫는 바로 이러한 맥락에서, 건강한 가치관을 바탕으로 한 공직자가 올바르게 처신하고, 그런 삶을 통해 보람을 느낄 수 있도록 안내하고 격려하는 정신교육의 교과서라 할 수 있을 것이다.

본 역자는 우연한 기회에 '고전에서 배우는 공직자의 청렴'이라는 주제로 안전행정부가 주관한 연수에서 특강을 한 바 있고, 그것이 계기가 되어 지금까지 수많은 지자체와 공공기관을 돌며 유사한 내용의 특강을 실시해 오고 있다. 이 책은 바로 그 과정에서 접하게 된 것이며, 이 덕분에 내용에서 크게 감명을 받을 수 있었고, 특히나 저자 장양호의 공직관과 백성을 사랑하는 그 마음 씀씀이에서 진정한 '공복'정신과 인간애를 배울 수 있어 참으로 좋았다.

이 책은 일찍이 정애리시(鄭愛利施) 여사에 의해 번역·출판이 된 바 있기에, 본 번역본은 초역이 아니다. 다만 차별성을 말하자면, 이전의 번역본은 원문에 대한 주석(註釋)이 없는 데 반해, 본 번역본에서는 중국 원문에 대한 자세한 주석을 달아서 좀 더 분명하게 이해가 가능하도록 하였다.

주지하다시피, 이 책의 원제(原題)는 ≪삼사충고(三事忠告)≫지만, 독자들이 좀 더 쉽게 접근할 수 있도록 하기 위해 ≪백성의 행복, 그대 손에 달렸네≫로 제목을 바꾸어 붙였다. 이는 원 저자에게 실례되는 일일 수 있지만, 귀한 정신을 많은 독자들에게 널리 전하기 위하여 그런 것임에 용서와 이해를 구하고 싶다.

끝으로 능력의 한계에 따른 실수나 부족한 점에 대해서는 제현의 따뜻한 질정을 바라며, 이 책이 출판될 수 있도록 애쓰신 경상대학교출판부의 여러 관계자 여러분들께 감사를 드린다.

2015년 1월
한상덕(韓相德) 삼가 씀

해 설

장양호(1270-1329)는 중국 원(元)나라 때 정치가요 문학가로 이름을 날렸던 사람으로, 자는 희맹(希孟)이고, 호는 운장(雲莊)이며, 산동(山東) 제남(濟南) 출신이다. 그는 현령(縣令)·감찰어사(監察御使)·예부상서(禮部尚書) 등을 역임한 바 있으며, 관직에 있으면서 쓴 관잠서(官箴書) ≪삼사충고(三事忠告)≫로 유명하다. 이 책은 일명 ≪위정충고(爲政忠告)≫라고 불리기도 하는데, 이는 ≪목민충고(牧民忠告)≫·≪풍헌충고(風憲忠告)≫·≪묘당충고(廟堂忠告)≫를 한 책으로 묶어 부르는 이름이다.

≪삼사충고(三事忠告)≫는 지방관원과 중앙관원에 대한 저자의 진심어린 충고를 내용으로 하고 있다. 저자는 지방과 중앙에서 여러 등급의 벼슬을 했던 인물이었기에, 관장(官場)의 상황에 대해 자세히 알고 있었고, 또 언행이 일치된 모범을 보였던 사람이었기에, 책에서는 각종 문제점에 대한 철저한 분석과 독특한 견해를 보여 주고 있다. ≪삼사충고(三事忠告)≫는 장문(長文)의 거작은 아니지만, 후세에 비교적 큰 영향을 주었던 관계로 이에 대한 평가 역시 상당하다고 할 수 있다. 이 책의 주요 특징은 다음과 같다.[1]

---

[1] 본 해설은 이패유(李沛儒)의 〈장양호의 청렴한 정치사상 시론 ― ≪삼사충고≫를 읽고〉를 참고하였다.

정사에 최선을 다하고 백성을 사랑하라.

≪삼사충고(三事忠告)≫는 한 시기 한 장소에서 창작되지 않았지만, 세 권의 책에 시종일관 관통하고 있는 것은 유가사상으로, 그중에서도 가장 두드러지는 부분은 정사(政事)에 최선을 다하고 백성을 사랑하는 사상이다. 장양호는 이 점을 관원의 자격을 결정해 주는 지표로 보았다. 즉, 직무에 힘쓰고, 최선으로 책임을 완수하는 것이 벼슬아치가 가져야 할 최소한의 요건이라는 말이다.

벼슬아치가 어떤 직무를 맡아 봉록을 받고 관직상의 권력을 행사할 때, 나라와 백성을 위해 일은 하지 않고, 그저 자기의 개인적인 이익만을 만족시키고자 한다면, 그것은 하늘과 백성에게 용납될 수 없는 일이다. 그래서 장양호는 "만일에 그 직위의 복록(福祿)을 받으면서도, 그 권위를 빌려서 자신의 사사로움만 챙기고 나라에 보답할 것은 생각하지 않는다면, 하늘이 가까운 곳에서 지켜보며 장차 용서하지 않을 것이다. 다른 사람에게 품삯은 받아 놓고 일을 태만히 하고, 직위는 받아 놓고 그 일을 헛되이 하면, 자기는 편안하겠지만, 공도(公道)는 어떻게 되고 백성들은 어떻게 되겠느냐?"라고 질문한다. 또한 "위정자라면 스스로가 그 노고를 맡아, 백성들을 안락하게 해 주어야 한다."라고 주장한다.

그는 "먼저 나서서 수고를 하고, 게으르지 말라."라고 한 공자(孔子)의 정신을 아주 귀하게 여겼으며, 관리가 되었다면 반드시 실제 속으로 깊이 들어가 조사하고 연구하여 그 상황을 자세하게 이해해야 한다고 여겼다. 공무(公務)나 정사(政事)에 관한 일이라면 완급(緩急)이나 대소(大小)를 막론하고, 모든 것을 알고 있어야 하며, 모르는 것이 없어야 다스려지지 않음이 없게 된다고 보았다. 그는 집을 국가로 비유하여 말하기를 "무릇, 하나의 도리(道理)를 책임진다는 것은, 한 가정을 맡아서 책임지는 것과 같은 것이다. 그 집을 잘 다스리는 자는 그 자제나 가족은 물론이고, 아래 종에 이르기까지 그 성정(性情)이 좋을지 나쁠지, 미루어 모든 것을 짐작할 수가 있는 것이다. 하나라도 혹 미치지 못함이 있으면, 장차 희롱거리가 될 것이고 그러고도 깨닫지를 못할 것이다. 시간이 오래되면 분명히 옳은 것과 그른 것이 전도되어, 아첨하는 자가 충신처럼 되고, 탐욕 많은 자가 청렴한 사람처럼 되고, 무능한 자가 유능한 자처럼 되어, 정부의 명령은 제대로 실행되지 않고 기강은 시들해지고 말 것이다."라고 하였다. 이로 보건대 장양호는 백성을 다스리고 일을 처리하는 데 있어서 관료주의적인 것을 반대하였음을 알 수 있다.

백성을 사랑하는 애민(愛民) 정신에는 백성을 구휼하고 백성을 부유하게 하고 백성을 중시하는 의미가 다 포함되어 있다. 이는 장양호가 공자(孔子)와 맹자(孟子)의 '민본(民本)' 사상을 계승하여 실천한 것이라 할 수 있다. 일개 통치자라면 반드시 백성을 사랑하고 중히 여길 줄을 알아야 한다고 인식한 그는, "나라가 번성하는 이유나, 사방의 오랑캐가 조용한 이유, 조정이 융성하는 이유, 종묘사직에서 제사가 오랫동안 계속되고 있는 그 이유는, 백성 없이는 이처럼 될 수 없는 것이다. 윗자리에 있는 자가 진심으로 백성을 소중하게 여기는데, 그럼에도 천하가 잘 다스려지지 않은 적은 옛날이나 지금이나 없었다."라고 하였다. 백성을 사랑하고 백성을 중히 여기는 것, 이것이 곧 사업을 성공시키고 국가를 흥하게 할 수 있는 요소라 인식한 것이다.

그럼, 어떻게 백성을 사랑하는가? 장양호는 이에 대해 빈말로만이 아니라, 행동으로 보여 주고 실제로 일을 해야 한다고 보았다. 그는 옛날 왕들이 해를 끼친다는 소식을 들으면 곧 그것을 제거하고, 유익한 것을 보면 곧 그 일을 시작하였으며, 지방의 관리(官吏)가 인간답지 못하면 곧 그 자리에 두지 않았던 일들을 상기시켜 주며 이에 대한 실천을 강조하고 있다.

애민에서 중요한 것은 백성을 부유하게 만드는 것이다. 그는 한(漢) 무제(武帝)의 '부민(富民)'과 당(唐) 태종(太宗)이 백성들에게 집집마다 살림이 넉넉하게 해 주고 사람마다 의식이 풍족하게 해 주었던 사실을 아주 좋아하였다. 그는 경제가 발전하고 백성들이 부유해야 도덕 수준을 높이고 사회를 안정시킬 수 있다고 보았다. 그는 말하기를, "만약에 백성들이 도적이 되지 않도록 하려면, 열심히 일을 해서 부자가 되도록 하는 데 있으니, 열심히 일을 하면 곧 부자가 되고, 부자가 되면 곧 예의가 생겨나며, 예의가 생겨나면 떠밀어 도적질을 시킨다 할지라도 반드시 그렇게 하지 않으려 할 것이다."라고 하였다.

그는 또 백성이 흉년을 당하게 되었을 때는 그들이 곤란을 해결할 수 있도록 최선을 다해서 도와야 하고, 방법을 강구하여 그들을 구제해야 한다고 강조하였다. 구제의 방법으로는 나라의 창고를 열거나, 혹은 부자들에게 식량을 팔도록 권하거나, 백성들에게 할 일을 안배해 주거나, 혹은 그들을 산림이나 호수에 의지해서 스스로 자구책을 세우도록 동원을 시키거나, 혹은 세금을 감해 주고 부채를 탕감해 주는 등등이었다. 특히 홀아비와 과부와 고아와 독거인 같이 의지할 곳이 없는 사람들에 대해서는, "그들이 모여 사는 곳은 시간 나는 대로 직접 찾아가서 보거나 혹은 사람을 보내 살펴보도록 해야 한다. 예컨대 의복이나 식량 같은 것이라든지, 의약품이나 음식물 같은 것을 하급관리가 제때에 공급하지 않았을 경우에는 적발해서 잘 다스려야 한다."라고 강조하고 있다.

장양호는 입으로만 애민을 외칠 뿐, 실제로 일은 하지 않고 거드름만 피우는 관리를 증오하였다. 그는 이에 대해 권농을 예로 들어 "세상에서 농사를 권면하는 자들을 자주 보건대, 먼저 기일을 정해 알려 주고, 술과 음식을 차려 근교 벌판에서 기다리도록 하면, 백성들은 영접을 한다고 분주하게 뛰어다니고, 끊임없이 왔다 갔다 하느라 안녕할 새도 없이, 대개 몇날 며칠을 이렇게 소란을 피운다. 시골에 도착하면 서리(胥吏)와 졸개들은 어수선하게 위엄을 부리고, 뇌물을 받고 선물을 받으면서 하다못해 닭과 돼지까지도 취하곤 한다. 명분은 권면을 하는 것이라 하지만, 그 실제는 백성들을 어지럽히는 것이고, 명분은 걱정을 해 주는 것이라 하지만, 그 실제는 백성들을 힘들게 하는 것이다."라고 지적하였다. 그는 백성을 위해 일은 하지 않고, 오히려 백성에게 근심거리를 주고 백성을 해치는 사람들, 즉 백성들을 더 어지럽히고 학대하며 개나 돼지처럼 대하고, 풀처럼 여기는 사람들을 더욱 싫어하였다. 이는 하늘의 도에 역행하고 조상의 명령에 위배되는 것이요, 그 나라를 죽이는 것이라 생각하였다.

　정사에 최선을 다하도록 강조한 장양호의 정신 중에는 황제를 위한 충성, 봉건통치자를 위한 다소 이상적이지 못한 관점도 있었고, 애민(愛民)에 있어서도 그저 바람일 뿐이지 실제로 실현되기 어려웠을 것으로 보이는 점도 없잖아 있다. 하지만 장양호의 이상과 같은 사상과 주장은 관리들에게 경계심을 주었고, 계급갈등을 완화시켜 주었으며, 역사가 발전되도록 하였다는 점에서 상당한 진보적 의의를 찾아볼 수가 있다.

청렴결백하고 공정하라.

청렴결백과 공정함은 ≪삼사충고(三事忠告)≫에서 또 하나의 중요한 근본

사상이다. '근검하고 마음에 욕심이 없는 것, 청렴하게 자신을 지키는 것, 공평하고 솔직하며 강직함으로 권력에 아부하지 않는 것', 이런 점들은 정치를 하는 사람들이 꼭 갖추어야 하는 도덕적 인품이다. 이런 인품을 갖추지 못한 자라면, 진정 나라를 위하고 백성을 위할 수 있는 훌륭한 관리라고 말할 수가 없다. 위정자의 청렴결백 사상은 ≪삼사충고(三事忠告)≫에서 상당히 큰 비중을 차지하고 있는 내용이다. 어떻게 하면 정치에서 청렴결백할 수 있는가? 이는 세 가지로 말할 수 있다.

관리는 자기 자신을 잘 단속해야 한다.
≪목민충고(牧民忠告)≫에서는 "자기반성"이라는 제목으로 시작하고, ≪풍헌충고(風憲忠告)≫에서는 "자율(自律)"을 첫 장으로 시작하며, ≪묘당충고(廟堂忠告)≫에서는 "수신(修身)"을 필두로 이야기를 풀어 가고 있다.

이로 보아 장양호가 관리의 자기 단속을 얼마나 중요하게 여기고 있는지를 잘 알 수 있다. "자율(自律)"에서 그는 말하기를, "사군자(士君子)로서, 자신을 단속함에 있어서 진실로 엄격하지 않으면 안 된다. 그러나 관리로서의 직책을 가진 자는 당연히 사군자보다 더 엄격해야 하며, 임금께 진언(進言)하는 책임을 가진 자는 또 마땅히 관리 직책을 가진 사람보다 더 엄격해야 한다. 대개 법을 집행하는 신하는 간사한 것을 규찰하고 나쁜 것은 바로잡으며, 조정의 내외를 가지런히 하고, 기강을 바로 잡아야 하는데, 스스로 단속함이 엄격하지 못하면 어찌 여러 사람들을 신복시킬 수 있겠는가?"라고 하였다.

그는 또 자기를 잘 단속하느냐 못하느냐의 여부와, 자기를 이기고 봉공할 수 있고 자기를 이기고 남을 위해 일할 수 있느냐 없느냐 그 여부가 군자와 소인을 구분하게 되는 경계선이라고 보았다. 그는 말하기를, "그래서 군자는 정사(政事)에 종사할 때, 차라리 공정하게 하여 가난했으면 가난했지 사사로운 이익을 챙겨 부자로 살지는 않았으며, 차라리 양보를 하여 자기가 손해를 보았으면 보았지, 다투어서 다른 사람에게 손해를 끼치지는 않았던 것이다."라고 하였다.

그는 인식하기를, 정말로 자기단속을 잘하고 정치를 청렴하게 해서 백성들이 그 은택을 입고, 송사가 시원시원하게 해결되고 절도가 사라지고, 권세를 믿고 횡포를 부리는 자들이 사라져 지방이 크게 잘 다스려지면, 이것이 정치하는 사람들에게 가장 큰 영광이요 즐거운 일이라고 보았다. 그리하여 관직에서 물러나 떠나는 날, "비록 해진 수레에 야윈 말을 타고 행낭은 초라할지라도, 그 즐거움은 일만 금(金)을 얻고 일천 대의 네 마리 말이 끄는 수레를 받은 것에 그치지 않을 것이다."라고 하였다.

이와는 반대로, 만일에 위정자가 자기 관리를 잘못하여, 정치에서 청렴결백함을 유지하지 못하면 불명예스럽기도 하고 또 자신을 다치게 하고 마는 것이다.

그는 특히 오랫동안 승상(丞相)을 지냈으면서도 집에 아무것도 늘어난 것이 없었던 제갈량과, 단주(端州)에서 지방관을 지내다가 돌아오면서 벼루 하나도 가지지 않고 빈손으로 돌아간 포증(包拯), 항주(杭州)의 지사로 있을 때 실오라기만 한 뇌물도 대문에 미치지 못하게 했던 이급(李及)을 아주 존경하였다. 장양호는 벼슬을 하는 사람으로 정치에 종사하는 사람이라면 이들을 모범으로 삼아, 스스로 그들을 배워서, 자기를 단속하는 데 엄격하고 소박하게 자기의 뜻을 지킬 것을 주장하였다.

위정자는 집안사람들을 잘 다스려야 한다.

수많은 사람들이 벼슬을 할 때 청렴결백함을 지키지 못하는 그 이유는 모두 집안사람들이 연루되어서 그렇다고 장양호는 지적한다. 그래서 그는 말하기를, "관직에 있으면서 청렴할 수가 없는 까닭은 대부분 가족이 사치하는 것을 좋아해서 그렇게 된다. 집안에서 공급되는 것이 부족하면 그 형세는 반드시 다른 사람에게서 취하게 되어 있다. 혹 사욕을 챙기느라 백성의 것을 빼앗기도 하고, 혹은 송사(訟事)를 빌미로 뇌물을 받기도 하며, 혹은 명분을 붙여 재물을 차용하기도 하고, 혹은 친인척에 의탁하여 연회와 선물과 초대와 방문을 아무 제약도 없이 집안으로 통하게 한다."라고 하였다. 이렇게 된 결과, 관리들은 복잡하고 지저분한 관계망 속에 빠져들어가 자유롭게 공무를 처리하지 못하고, 권위가 있어도 펼칠 방법이 없게 된다. 그러다 보면, 자기는 날마다 흥성해 갈지라도 백성은 날마다 피폐해 갈 것이고, 자기는 날마다 기쁠지라도 백성은 날마다 원망하게 되는 것이다. 그러다가 마지막에 가서 관리들 중 많은 사람들은 이 때문에 몸과 명예를 모두 잃게 된다는 것이다. 그래서 장양호는 지적하기를, 벼슬자리에 앉아 정치를 하는 자는 처자와 자녀들을 잘 관리하여 그들 때문에 화(禍)와 근심이 자기 신변에서 생겨나지 않도록 해야 한다고 하였다.

관리는 관원들을 잘 관리해야 한다.

장양호는 '관원'들의 중요성을 이야기할 때, 관청의 장(長)을 도와 정무를 처리하는 데 없어서는 안 되는 사람이 바로 이 관원들이라고 보았다. 관원은 날마다 관장(官長)과 접촉을 해야 하기 때문에 관장과 가까운 자들이며, 그들의 지위 또한 특수하다고 볼 수 있다. 바로 가깝다는 이것 때문에 시간이 좀 길어지면 두려울 것이 없는 지경에까지 도달할 수가 있다. 이런 점에서 반드시 그들을 잘 단속하고 교육을 시켜서 그들이 장(長) 몰래 나쁜 짓을 하지 않도록 방지를 해야 한다. 그래서 그는 말하기를, "하급관리는 관장(官長)을 보좌하여 일을 하므로, 그들이 없어서는 안 되며, 그들의 지위는 가장 친근하게 되어 있다. 그 친근함 때문에 시간이 좀 오래되면 반드시 두려워하는 것이 없는 지경에 이르게 되고, 없어서는 안 되는 것 때문에 시간이 좀 오래되면 반드시 사악한 짓을 하는 지경에 이르게 된다."라고 하였다.

관장(官長)에게 가장 가까운 관원들은 어떤 사람들인가? 장양호가 말하는 것은 아주 구체적이다. "말하자면 서리(書吏)요, 주차(奏差)요, 총령(總領)이요, 기후(祇侯)라 할 것이다." 즉, 이런 자들은 특수한 신분을 믿고 말을 거들어 중재를 하고, 죄악을 숨기기도 하게 되는데, 상대방에게 무엇인가를 요구해서 얻지 못했을 때는 어떻게 되겠는가? 그래서 관에서 장(長)이 되는 사람은 반드시 방비와 예비를 철저하게 하고 금지와 단절을 엄하게 해야 한다고 보았다.

그러면 어떻게 방비를 하고 어떻게 엄히 금지하는가? 장양호는 첫째로 관의 장(長)은 자기 행위를 단정히 해서 하급관원의 선물을 거절해야 하고, 둘째로 아주 세심하게 하급관원들을 관찰하고 그들이 관리하는 서류들을 잘 검사해서 샐 구멍이 없도록 하여 간사한 짓을 하는 하급관원에게 기회를 주지 않고 파고들 구멍을 주지 않도록 해야 한다고 보았다.

관리는 청렴결백해야 하고 또 공정해야 한다. 장양호는 현명하고 재능 있는 사람을 선발해야 국가를 잘 다스릴 수 있다고 보았다. 그는 말하기를, "무릇 천하의 일이란 한 사람이 모든 것을 다 알 수 있는 것도 아니요, 한 사람이 혼자서 이룰 수 있는 것도 아니기에, 반드시 모든 것을 수용하고 폭넓게 취해야만 훌륭한 치리(治理)를 기대할 수 있게 되는 것이다."라고 하였다.

현명하고 능한 사람을 선발하려면 반드시 공심(公心)에서 출발하여 "천하를 공의롭게 할 마음을 가진 뒤라야, 천하의 현명한 사람들을 추천할 수 있다."라고 하였다. 현명한 자를 천거한다는 명분이기는 하지만, 능력에 관계없이 자신에게 가까운 사람만 임용하거나 혹은 개인의 원한을 풀기 위해 보복 차원에서 친한 사람이 아니면 보호해 주지 않고, 원수가 아니면 죄를 폭로하지 않는 그런 벼슬아치들은 반드시 엄하게 다스려야 한다고 주장한다. 인재를 잘 선발하기 위하여 그는 또 "부탁을 한다고 반드시 천거할 필요도 없고, 천거를 했다고 반드시 얼굴을 알 필요도 없다."라고 말한다.

봉건사회 관(官)에서는 사사로운 부정행위 현상이 아주 보편화되어 있었다. 장양호는 관장(官長)의 각종 폐단과 나쁜 풍속을 분석하여, 공무 정사를 처리함에 있어서의 공정성의 중요성을 아주 날카롭게 제시하였다. 그는 주장하기를, "무릇 벼슬을 하는 사람은 반드시 먼저 책임지는 것에 용감해야 하며, 그런 연후에 성과를 낼 수가 있게 되는 것이다."라고 하였다. 벼슬을 하는 사람은 오직 공심(公心)에서 출발하여 나라와 백성을 위하여 힘을 써야, 곤란이나 갈등을 겁내지 않고, 과도하게 개인의 영욕과 득실을 고려하지 않을 수 있다고 보았다. 그래서 "자신의 직무를 다하느라, 나라를 위하고 백성을 위하느라 죄를 지었을 때, 군자는 이를 치욕스럽게 생각하지 않고 오히려 영광스럽게 생각하였으니, 비록 구속이 되고 몽둥이로 매를 맞고 도끼로 살육을 당한다 해도 어찌 부끄러울 것이 있겠는가?"라고 하였다.

일부 관리 중 정의를 제대로 지키지 못하고 공정하게 집행을 할 수 없는 상황에 대하여 장양호는 제기하기를, "그래서 형벌을 쓰는 일로 걱정하지 말고, 그 형벌을 실행하되 공정하지 못할까를 걱정해야 할 것이다."라고 하였다.

그는 제나라 환공(桓公)이 제나라 대부 백씨(伯氏)의 변읍(騈邑) 300가구의 봉지를 빼앗았으나, 백씨는 평생 원망의 말 한마디 없었고, 제갈량이 방자하고 오만한 요립(廖立)을 파면시켰으나, 요립은 제갈량이 죽었다는 소식을 듣고 탄식하고 눈물을 흘렸다는 것을 예로 들어 논증을 하고, 벼슬자리에서 정치를 하는 자가 환공이나 제갈량같이 공정하게 일을 처리하면 천하에 복종하지 않을 자가 없을 것이라고 하였다.

종합건대, 횡령이 범람하고 사리사욕을 꾀하며, 부정한 일이 마구잡이로 자행되고, 벼슬자리를 사고파는 일이 다반사였던 봉건사회에서 장양호가 위정자들의 청렴결백과 공정함을 주장한 것은 참으로 귀한 일이다. 당시 사회에서 여건상 이런 주장이 실행될 수 없었다 할지라도, 그 진보적 의미는 무시할 수 없는 일이다.

엄중하게 관리를 다스려라.

≪삼사충고(三事忠告)≫에서 중요하게 다루는 또 하나의 내용은 엄중하게 관리를 다스려야 한다는 사상이다. 이는 중앙과 지방 각급 관청의 장(長)과 감찰관원에 대한 권고다. 각급 관청의 장들은 자기가 관할하는 관리들의 교육을 강화하고 관리들을 엄격하게 관리하도록 하며, 위법자는 엄하게 처벌하도록 요구하고 있다. 감찰관원은 그 직책에 책임을 다하고, 인정에 구애됨이 없이 공평무사하며, 간악함을 바로잡고 관풍을 엄숙하게 하는 데 용감하기를 요구하고 있다.

엄하게 관리를 다스리는 데 가장 중요한 것은 상과 벌을 분명하게 하는 것이었다. 직무수행에 성실하고 정사에 청렴한 그런 훌륭한 관리에게는 상을 내리고, 법을 위반하고 규율을 혼란하게 하며, 백성에게 근심을 끼치고 해가 되도록 한 탐관에게는 징벌로 다스려야 한다는 것이다. 명령으로 금지시킬 수가 없으면 국가를 잘 다스릴 수가 없게 된다.

장양호는 말하기를, "죄가 있어도 책임을 묻지 않고, 훌륭한 일을 했어도 공덕을 표창하지 않는다면 비록 하(夏)·은(殷)·주(周)와 같은 3대의 시대에도 능히 다스릴 수가 없었을 것이다."라고 하였다. 또한 "상벌을 분명하게 하면, 목소리와 안색을 엄하게 하지 않아도 위엄을 가진 명령이 저절로 행해지게 된다."라고 하였다.

어떤 방법으로 상을 주고 처벌을 하는가? 장양호는 청렴한 관리라면 예의를 갖추어 대우하고 천거해서, 선량한 관리가 격려를 받도록 해야 한다고 주장하였다. 만일에 탐관이면 그를 멸시하고 배척하며, 규찰 탄핵하여 악을 저지른 관원이 징계를 받도록 해야 한다고 구체적인 방법을 제시하였다. "참으로 청렴한 사람이라면, 예의를 다해 그를 우대해 주고, 그를 추천해 주고 그를 등용시켜 주면, 선한 자들이 더 격려를 받을 것이다. 참으로 탐욕스러운 사람이라면, 비록 최고 관직의 지위 높은 자라 할지라도, 그를 경멸하고, 위엄으로 거부하고, 그를 규탄하면, 악한 일을 하는 자들이 경계를 삼을 것이다."라고 하였다. 또한 감찰관원이 관풍을 엄숙하게 할 때, 충분히 역할을 해서, 자기의 직무수행에 성실하고 무슨 일이든 상황을 잘 알아 모르는 것이 없어야 한다고 보았다. 조정의 안이든 밖이든 일단 관리의 임용에 부당함이 있거나 관원이 법을 어긴 것을 알게 되면 적발하여 규찰을 해야 한다. 이런 점에서 "무릇 대헌(臺憲)이란 직책은, 내외(內外)·원근(遠近)에 관계없이, 알고 있는 바는 무엇이든 말을 해서 주상이 듣도록 해야 한다. 비록 외직으로 근무하고 있다 할지라도 조정(朝廷) 안의 인간답지 못한 사람에 대해 알고 있는 것은 규탄하여 이를 말하는 것이 옳다. 비록 조정 내에 있다 할지라도 외직 벼슬을 하는 자의 불법을 알고 있다면, 규탄하여 말하는 것이 역시 옳은 것이다."라고 장양호는 강조하고 있다.

법을 어긴 관리를 규탄하는 과정에서는, 먼저 지위가 높은 사람, 친근한 사람부터 징계를 하고, 정으로 봐주거나 사면을 시키지 말아야 한다고 하였다. 이렇게 하면 지위가 낮거나 죄가 경미한 자도 스스로 단속을 하게 된다고 보았다. 이에 "무릇 사람이 벼슬을 함에 있어서, 높은 지위로 임금 가까이 있는 사람도 있고, 멀리 있는 사람도 있지만, 높은 지위로 가까이 있는 사람이라 할지라도 조금도 관대하게 봐주지 않으면, 지위가 낮고 죄가 경미한 자들은 탄핵을 기다릴 것도 없이 스스로 나쁜 짓을 하지 않게 될 것이다."라고 하였다.

엄하게 관리를 다스릴 때는, 평소에 관리 단속을 빈틈없이 강화하고, 어떤 일이 터지기 전에 미리 방지를 하며, 문젯거리를 쌓아두었다가 혼란이 생기고 나서야 처리하는 그런 방식은 피해야 하는 것이 마땅하다. 그래서 장양호는 말한다. "모든 하급관리가 민간에서 마음대로 부자들과 친하게 지내며 관부의 일을 누설하고, 송사의 단서를 제공하고, 요행의 문을 열어 주도록 해서는 안 된다. 여가가 있을 때, 그들을 소집해서 경서를 강독해 주고 법조문을 읽어 주면서 각종 방법으로 그들을 단속하게 되면 자연스럽게 그들은 멋대로 하지 않을 것이다."

장양호는 관을 다스리는 것이 백성을 다스리는 것보다 어렵다고 보았다. 관리들은 늘 법률을 접하기 때문에, 근본적으로 법을 모르는 것이 아니지만 법을 알고도 법을 어기는 경우가 많다. 따라서 "자그마한 과실이라도 징벌하지 않으면 반드시 커다란 우환거리가 되고, 마침내는 두려워하는 것이 없게 될 것이다."라고 하여 과실이 있으면 반드시 징계할 것을 강조하고 있다.

장양호는 또 눈과 치아를 비유로 삼아 관을 다스리고 백성을 다스리는 것의 차이를 분석하였다. "백성들을 다스리는 것은 눈을 다스리는 것과 같아서 그것을 건드리면 더욱 흐려지고, 하급관리를 다스리는 것은 치아를 다스리는 것과 같아서 이물질을 후벼 내고 입안을 깨끗이 헹궈 내면 더욱 좋아진다."라고 하여, 평소 관리를 부지런하게 관리하고 단속을 잘해서 느슨해지거나 게으른 것을 막아야 할 것을 주장하였다.

엄하게 관을 다스린다는 것은 그저 징벌만을 이야기하고 교육을 말하지 않는 것은 아니다. 사람은 반드시 교육을 받아야 하며, 태어날 때부터 선량하고 지혜 총명한 사람도 예외가 아니라 하였다. "사람을 가르치지 않으면 안 된다는 사실 말이다. 성인(聖人)처럼 태어나도, 오히려 도와서 타이르고 도와서 가르쳐야 한다."라고 하였다. 성인과 비교할 때 엄청 차이가 나는 일반 관리들에 대해서는 당연히 "어찌 소홀히 하고 힘쓰지 않을 수 있겠는가?"라고 하였다.

형벌에만 의지해서는 국가가 효과 있게 치리(治理)를 할 수가 없다. 교화를 통해 관리들의 도덕 수준을 높여 범죄를 저지르지 않도록 해야 가장 이상적으로 치리가 가능해질 수 있는 것이다. 그리고 형벌을 가지고 잘 다스리기에는 부족하며, 그들을 가르쳐서 범죄를 저지르지 못하도록 하는 것, 다스리는 방법 중에 이보다 더 나은 것은 없다. 교육내용에서 관리들에게 윤리와 강상(綱常)을 잘 가르칠 뿐만 아니라 법률을 이해시키고 법에 따라 일을 처리하도록 하여 "관리가 된 자는 모두 법률을 스승으로 삼아야 한다."라고 주장하였다.

심지어 지금 학습을 하고 나서 벼슬을 하려고 준비하는 그런 사람에게까지도 법률교육을 시켜서, 뒤에 부패한 관리가 되지 않도록 해야 할 것을 주장하여, "무릇 공부를 하면서 벼슬 준비를 하는 사람은 경서와 역사서 이외에, 건국 이후의 법령제도와 문물까지도 고찰을 하면서 상세히 살펴봐 둔다면, 어느 날 관리가 되더라도 용속한 하급관리들에게 진부하게 보이진 않을 것이다."라고 하였다.

엄격하게 관리를 다스리는 장양호의 사상 중에는 잘하는 사람을 표창하는 것도 있고, 악한 자를 징벌하는 것도 있으며, 형벌도 있고 교화도 있다. 그의 논술은 상당히 입체적이며 그 관점은 비교적 정확하다. 이는 그가 수십 년 벼슬을 하고 관을 다스리면서 친히 느끼고 경험한 것을 종합한 것으로 그의 관점과 주장은 우리에게 참고가 되기에 충분하다.

차례

목민충고

牧民忠告

임명
拜命第一

자기 반성

임직(任職) 명령이 하달된 날이면 가슴을 어루만지며 자문을 해 보라. 어떤 특별한 공적과 품행과 재능이 있어서 이렇게 특별한 대우를 받게 되었는지를.

만일에 그 직위의 복록(福祿)을 받으면서도 그 권위를 빌려서 오직 자신의 사사로움만 챙기고 나라에 보답할 것은 생각하지 않는다면 하늘이 가까운 곳에서 지켜보며 장차 너를 용서하지 않을 것이다.

다른 사람에게 품삯은 받아 놓고 일은 태만히 하며 직위는 받아 놓고 그 일을 헛되이 하면 자기는 편안하겠지만 공도(公道)는 어떻게 되며 백성들은 어떻게 되겠느냐?

省己

命下¹之日, 則捫心²自省, 有何勳閥行能³, 膺兹異數⁴? 苟要其廩祿⁵, 假其威權⁶, 惟濟己私, 靡思報國⁷, 天監伊邇⁸, 將不汝容⁹. 夫受人直¹⁰而怠其工, 儋人爵¹¹而曠其事¹², 己則逸矣¹³, 如公道何? 如百姓何?

---

1 命下(명하) 명령이 하달되다.
2 捫心(부심) 가슴을 어루만지다. * 捫—어루만질 부.
3 勳閥行能(훈벌행능) '勳閥'은 남다른 공적(功績), '行能'은 품행과 재능.
4 膺兹異數(응자이수) 이렇게 특별한 대우를 받다. '膺'은 '받다', '異數'는 '아주 특별한 대우'. * 膺—가슴 응.

5 苟要其廩祿(구요기름록) 만약에 이 직위의 봉록을 받는다면. '苟'는 '만약'.
   * 廩—곳집 름. 祿—복 록, 녹봉 록.

6 假其威權(가기위권) 그 권위를 빌리다. '假'는 '빌리다'.

7 靡思報國(미사보국) 나라에 보답하기를 생각하지 아니하다. '靡'는 '하지 않다'.
   *靡—쓰러질 미(없다. 다하다).

8 天監伊邇(천감이이) 하늘의 감시가 곁에 있다. 하늘이 아주 가까이서 지켜보고
   있다는 말. * 伊—저 이. 邇—가까울 이.

9 將不汝容(장불여용) 앞으로 너를 용서하지 않을 것이다. * 汝—너 여.

10 受人直(수인치) 다른 사람에게 품삯을 받다. 즉 상당한 봉록의 대우를 받는다
    는 말. '直(치)'는 '값, 품삯'이란 뜻(=値).

11 儋人爵(담인작) 다른 사람에게 직위를 받다. * 儋—멜 담.

12 曠其事(광기사) 그 일을 헛되이 하다. * 曠—밝을 광(밝다. 헛되다).

13 己則逸矣(기즉일의) 자기는 편안하다. '逸'은 '편안하다'.

성격의 치우침을 극복하기

만물에 관심을 미치게 하려는 마음이 그 누구에겐들 없겠는가만 다만 바탕의 강함과 그렇지 못함이 서로 다를 뿐이다.

만약에 자기 단점을 철저하게 스스로 극복하고 다스린다면 관리로서의 어려운 일은 없을 것이요 일에서는 이루지 못할 것이 없을 것이다. 늘어지고 더딘 성품은 민첩함으로 극복하고 허황되고 경박한 성품은 엄숙함으로 극복하고 거칠고 대충대충 하는 성품은 세밀함으로 극복하고 번잡하고 까다로운 성품은 대국(大局)적인 이치로 극복할 것이다.

만약에 맡은 바를 헤아리지 않고 독단적으로 자기 편견을 따라 처리하면 실패하지 않는 자가 없을 것이다. 옛날 사람들이 궁현(弓弦)과 가죽끈을 차고 다녔던 것 역시 모두가 이런 의미 때문에 그러하였다.

오늘날 사람들이 왕왕 공부를 했음에도 보탬이 되지 않고 관직에 있음에도 재능을 보여 주지 못하고 있음은 모두가 다 습관에 익숙해져서 철두철미하게 스스로가 극복을 하고 다스릴 줄을 모르기 때문이다.

克性之偏

夫及物之心[1], 人孰不有[2], 第材質强劣[3], 有所不同. 苟卽其所短, 而痛自克治, 則官無難爲, 事無不集者矣. 弛緩克之以敏, 浮薄克之以莊, 率略克之以詳, 煩苛克之以大體. 苟不度所任[4], 一循己之偏[5]而處之, 鮮有不敗者[6]矣. 古人佩弦佩韋[7], 亦皆此意. 今人往往讀書無益, 涖官[8]不才者, 皆由狃於習[9], 而不知痛自克治故也.

1 及物之心(급물지심) 만물에 미치는 마음. 즉, 어진 관심이 만물에게까지 미치게 하는 마음.

2 人孰不有(인숙불유) 어떤 사람에게 없겠는가? 즉, 누구에게나 다 있다는 말.
   * 孰–누구 숙.

3 第材質强劣(제재질강열) 다만 재질의 강함과 못함이. '第'는 '다만'.

4 苟不度所任(구불탁소임) 만약에 맡은 바를 헤아리지 않으면. '度'은 '헤아리다'.

5 一循己之偏(일순기지편) 독단적으로 자기의 편견을 따르다. * 循–좇을 순.

6 鮮有不敗者(선유불패자) 실패하지 않는 자가 드물다. '鮮'은 '드물다'.

7 佩弦佩韋(패현패위) 궁현(弓弦)을 차고 가죽끈을 차다. 즉 경계를 삼기 위해 궁현과 가죽끈을 차고 다녔던 역사적 이야기를 말한다. ≪한비자(韓非子)≫의 〈觀行(관행)〉편에 보면, "서문표는 성격이 급해서 가죽끈을 차고 다니면서 자기 마음을 느긋하게 하였고, 동안우는 성격이 너무 느려서 궁현을 차고 다니면서 자기 마음을 빠르게 다그쳤다(西門豹之性急, 故佩韋以自緩. 董安于之性緩, 故佩弦以自急)."라고 하였다. * 佩–찰 패. 弦–시위 현. 韋–가죽 위.

8 涖官(이관) 관직에 임하다. '涖'는 '맡아보다. 임하다'. *涖–다다를 리.

9 由狃於習(유뉴어습) 익히 해 오던 것이 습관이 되었기 때문이다. '狃'는 '습관이 되다'. * 狃–친압할 뉴.

욕심 경계하기

세상천지에 태어나 사는 자 무궁무진하지만 나라의 은총을 받아 백성을 위한 관리가 된 자는 몇이나 되겠는가?

이미 명령을 받아 백성을 다스리고 있으면서 공정하고 청렴한 마음을 지키지 못함은 자기 자신을 아끼지 않기 때문이니, 어찌 세상의 질책을 받지 않을 수 있겠는가?

더구나 자그마한 몸뚱이 하나로 누릴 수 있는 것이 그 얼마나 되겠는가마는 그 사람 욕심이 시내 계곡 같으면 다름 아닌 자신을 해치게 된다.

한 번이라도 혹시 죄를 지으면 위로는 나라의 은혜를 저버리는 것이 되고 주위로는 친척들에게 치욕을 주게 되며, 아래로는 고향과 친구들에게 수치를 주게 된다.

비록 직무를 맡고 있을 때 천금을 모았다 할지라도 하룻밤 감옥살이를 하느라 겪은 그 고초를 보상하기로는 부족할 것이다.

발각되어 슬퍼하는 것보다 아직 사건이 터지기 전에 자기를 잘 단속하는 것이 어찌 더 낫지 않겠는가? 그렇다! 너희 관직에 있는 자들이 마음 깊이 경계해야 할 바니라.

戒貪

普天率土[1], 生人無窮也, 然受國寵靈[2], 而爲民司牧者, 能幾何人? 旣受命以牧斯民矣, 而不能守公廉之心, 是不自愛也, 寧不爲世所誚[3]耶! 況一身之微, 所享能幾, 厥心谿壑[4], 適以自賊[5]. 一或罪及, 上孤國恩[6], 中貽親辱, 下使鄕

隣朋友, 蒙訛包羞, 雖任累千金[7], 不足以償一夕縲紲[8]之苦. 與其戚於已敗,
曷若嚴於未然. 嗟爾有官, 所宜深戒.

1 普天率土(보천솔토) 하늘과 땅. 즉 온 세상을 말함. '普天'은 '하늘', '率土'는
   '온 땅'.
2 受國寵靈(수국총령) 나라의 은총을 받다. '寵靈'은 '은총'.
3 寧不爲世所誚(영불위세소초) 어찌 세상의 질책을 받지 않겠는가? '寧'은 '어찌',
   '誚'는 '꾸짖다, 질책하다'. * 誚─꾸짖을 초
4 厥心谿壑(궐심계학) 그 사람의 마음은 시내 계곡이다. 즉 그의 마음은 채울 수
   없는 계곡과 같다는 말. '厥'은 '그의 ~', '谿壑'은 '시내 계곡'.
5 適以自賊(적이자적) 바로 자신을 해치다. '適'은 '바로, 틀림없이'. '賊'은 '해치다'.
6 上孤國恩(상고국은) 위로는 나라의 은혜를 저버리다. '孤'는 '저버리다, 배신하다'.
7 任累千金(임루천금) 직무를 맡고 있을 때 천금을 쌓다. '累'는 '쌓다'.
8 縲紲(유설) 오랏줄. 옛날에 죄인을 묶는 새끼줄을 말하는데, 여기서는 감옥살이
   를 한다는 의미.

대민 담당직을 대충 위임하지 말 것

오늘날 관리를 선발하는 자들은 대체로 조정의 내직은 중히 여기고 외직은 가벼이 여기는데, 이는 한(漢)나라 선제(宣帝)가 백성을 부유하게 만들었고, 당(唐)나라 태종(太宗)이 집집마다 살림이 넉넉하고 사람마다 의식이 풍족하도록 해 줄 수 있었던 것은 다 지방관원을 중시했던 결과라는 것을 모르고 있기 때문이다.

그렇다! 지방관원의 중요성이 이와 같은데도 오히려 대강대강 뽑아서 흐리멍덩하게 위임을 하니 어찌 염려가 되지 않겠는가?

民職不宜泛授

今選官者大率重內而輕外, 殊不知¹漢宣帝²所以富民, 唐太宗所以家給人足³, 皆由重牧民之長故也. 嗚呼! 牧民之長, 其重若此, 乃泛焉而選⁴, 懵焉而授⁵, 奚爲不是慮也哉!

---

1 殊不知(수부지) 전혀 모르다. 다른 사람이 주장하는 의견의 모순점이나 잘못된 점을 지적하는 문장에 많이 쓰이는 표현이다.
2 漢宣帝(한선제) 서한(西漢)의 제17대 황제로, 이름은 유순(劉詢)이다. 역사에서는 그를 '중흥시기의 주인'이라 칭하기도 한다. 그는 자사(刺史)와 관문 지키는 수리(守吏)를 선발하는 데 아주 신중하였다고 한다.
3 家給人足(가급인족) 집집마다 살림이 넉넉하고 사람마다 의식이 풍족하다.
4 乃泛焉而選(내범언이선) 오히려 대충 선발하다. '乃'는 '대충, 실속 없이, 두루두루'.
5 懵焉而授(몽언이수) 흐리멍덩하게 위임하다. '懵'은 '사리에 어둡다, 멍청하다, 흐리멍덩하다'.

정성으로 백성을 사랑하면 지혜가 모두에게 미침

어린애가 갓 태어났을 때는 아무것도 모르지만 어미 된 자는 언제나 먼저 그 아기가 원하는 것을 알아낸다. 그 이치는 다름이 아니라 정성에 있을 따름이다.

정성은 사랑을 낳고 사랑은 지혜를 낳는다. 오로지 정성으로 하기 때문에 사랑이 두루 미치지 않음이 없고 오로지 사랑으로 하기 때문에 지혜가 미치지 않음이 없다.

관리가 백성을 대함이 이것과 뭐가 다르겠는가? 참으로 백성을 자식처럼 생각하는 마음만 있다면 그 재능과 지혜가 미치지 못할까 봐 걱정하지 않아도 될 것이다.

心誠愛民智無不及

赤子[1]之生, 無有知識, 然母之者, 常先意得其所欲焉. 其理無他, 誠然而已矣. 誠生愛, 愛生智. 惟其誠, 故愛無不周; 惟其愛, 故智無不及. 吏之於民, 與是奚異哉? 誠有子民之心, 則不患其才智之不及矣.

---

1 赤子(적자) 어린 아이.

법률을 스승으로 삼기

관리가 된 자는 모두 법률을 스승으로 삼아야 한다. 위상(魏相)이 당시에 명망이 높았던 이유는 한 대(漢代)의 법령제도에 대하여 자세히 모르는 것이 없었기 때문이다. 무릇 공부를 하면서 벼슬 준비를 하는 사람은 경서와 역사서 이외에 건국 이후의 법령제도와 문물까지도 고찰을 하면서 상세히 살펴봐 둔다면 어느 날 관리가 되더라도 용속한 하급관리들에게 진부하게 보이진 않을 것이다.

法律爲師

吏人蓋以法律爲師也. 魏相[1]所以望隆當世者, 漢家典故無所不悉也. 凡學仕者, 經史之餘, 若國朝以來, 典章文物[2], 亦須備考詳觀, 一旦入官, 庶不爲俗吏所迂也.

---

1 魏相(위상) 한(漢)나라 선제(宣帝) 때의 승상으로, 자는 약옹(弱翁)이다.
2 典章文物(전장문물) 국가제도와 법령에 대한 총칭. '文物'은 '예교제도'를 가리킴.

취임
上任第二

사정을 미리 모르면 재빠르게 대응하기 어려움

부임할 지역으로 들어갈 때는 백성들의 질고가 경미한지 심각한지, 관리들의 폐단이 심한지 심하지 않은지, 전임 관리가 선량했는지 그렇지 못했는지, 사나운 종족이 있는지 없는지, 고소를 한 사람들이 많은지 적은지, 이런 것들을 전부 진심(盡心)으로 물어보고 조사를 해야만 한다.

부임지에 도착하면 관청과 멀찌감치 떨어진 곳에 머물면서 그 일들을 관장하는 자를 불러 상세하게 설명을 하도록 하고 개략적인 것을 조목조목 진술하도록 하여 먼저 그런 사정을 알아낸 다음, 취임하는 날 이를 참고하여 판단을 하도록 한다.

만일 평소에 아무 준비도 없이 갑자기 관청에 도착해서 송사(訟事)를 들을 때 백성들이 모여들어 보고 있는데, 한 마디라도 이치에 맞지 않는 말을 하면 전역(全域)에 웃음거리를 남기게 될 것이다. 하물며 민심이란 동요하기 쉬운 법인데, 특히 그 첫 취임 자리에 있어서랴.

처음에 민심을 눌러 복종시키지 못하면 훗날 그렇게 할 수 있다 할지라도 누가 믿겠는가? 만일에 아직 준비가 되어 있지 않으면 그 송사를 접수하고 나서 뒷날 처리해도 좋을 것이다. 가까스로 경솔하게 응답을 해서 사대부와 백성들을 실망시켜서는 안 될 것이다.

事不預知難以卒應

比[1]入其境, 民瘼輕重, 吏弊深淺, 前官良否, 强宗有無, 控訴之人多與寡, 皆須盡心詢訪也. 至則遠居數舍, 召掌之者, 語其詳, 疏其槪[2], 先得其情, 下車之日[3], 參考以斷. 若素無所備, 卒然至部, 聽訟之際, 百姓聚觀, 一語乖張[4], 則必貽笑闔境[5]. 況民心易動, 尤在厥初, 初焉無以厭服其心, 後雖有爲, 亦將奚信. 不然, 受其訟而翼日理之亦可. 殆不宜輕率應答, 使士民失望也.

---

1 比(비) ~때에 이르다.
2 疏其槪(소기개) 그 개략적인 것을 조목조목 진술하다. '疏'는 원래 신하가 임금에게 조목조목 진술하는 것을 말한다.
3 下車之日(하거지일) 관리가 임지에 부임하다. '下車'는 관리가 임지에 도착하는 것을 말한다.
4 乖張(괴장) 순조롭지 않다, 어긋나다.
5 闔境(합경) 전역(全域), 지역 전체. '闔'은 '온, 전부, 모두'. * 闔─문짝 합.

인사 받기

여러 집사들이 알현하여 참배를 할 때 묵묵하게 한 마디도 말을 하지 않으면 안 된다. 다만 이렇게 말하면 된다. "외람되게도 나라의 은덕을 입어 이 중요한 임무를 맡게 되었는데 등에 가시를 짊어진 듯이 부끄러워 진땀이 흐른다. 희망컨대 제군들과 함께 생각을 잘 닦아 내고 마음을 잘 씻어서 커다란 교화를 펼칠 수 있었으면 한다. 제군들이 혹시 나의 명령을 거역했을 때는 나라에 온당한 법이 있기에, 감히 사사로운 정으로 하지 않을 것이니 제군들은 이 점을 조심하기 바란다."라고 하면 된다.

受謁

諸執事[1]參謁, 不可默然無一言. 第[2]曰,「誤蒙國恩[3], 託玆重寄, 芒背汗顔, 期與諸君滌慮洗心, 以宣大化也. 汝或余違, 國有常憲[4], 非所敢私, 諸君其愼之.」

---

1 執事(집사) 옆에서 시종을 들고 심부름을 하는 사람.
2 第(제) 다만.
3 誤蒙國恩(오몽국은) 나라의 은혜를 잘못 입다. '誤蒙'은 '잘못 입다, 외람되게도'.
4 常憲(상헌) 상법(常法). 불변의 법칙, 온당한 방법.

관청 다스림도 가정을 다스리듯 하기

관청을 다스리는 것도 가정을 다스리는 것처럼 해야 한다고 옛날 사람들은 늘 이렇게 가르쳐 왔다. 일개 가정사라 할지라도 완급(緩急)이나 대소(大小)에 관계없이 모든 것을 다 알아야 한다. 모르는 것이 있으면 다스려지지 않는 부분이 있게 된다.

하물며 백성을 다스리는 장(長)에게는 수많은 책임이 집중되어 있고 학교와 같이, 역참(驛站)과 같이, 창고와 같이, 감옥과 같이, 수로와 같이, 교량·제방과 같이 관리해야 할 곳이 너무나 많음에 있어서랴?

판단을 할 때는 역량을 잘 헤아려 집이 황폐해진 것은 수리를 해 주고, 더러운 것은 깨끗하게 해 주고, 막힌 것은 통하게 해 주고, 모자라는 것은 보충해 주고, 옛날부터 없던 것은 경영이 되게 해 주도록 한다.

만약에 '그런 일들이 다스려지지 않음이 나하고 무슨 상관인가? 순식간이면 다른 사람으로 교체되어 떠날 텐데 내가 나서서 고생할 게 뭔가?'라는 이런 생각이 일단 생기면 무슨 일이든 다 허사가 되고 말 것이다.

선배가 이르기를, 나랏일에 털끝만큼이라도 마음을 다하지 않으면 터무니없는 봉록을 받는 것이 되므로 하늘에 죄짓는 일이라 하였다.

治官如治家

治官如治家, 古人常有是訓矣. 蓋一家之事, 無緩急巨細, 皆所當知; 有所不知, 則有所不治也. 況牧民之長, 百責所叢, 若庠序, 若傳置, 若倉廩, 若囹圄, 若溝洫, 若橋障, 凡所司者甚衆也. 相時度力[1], 弊者葺之[2], 汙者潔之, 堙者疏之[3], 缺者補之, 舊所無有者經營之. 若曰,「彼之不修, 何預我事[4], 瞬息代去[5], 自苦奚爲!」 此念一萌, 則庶務皆墮[6]矣. 前輩謂,「公家之務[7], 一毫不盡其心, 卽爲苟祿, 獲罪於天.」

---

1 相時度力(상시탁력) 판단을 할 때는. '相時'는 '평가하다, 관찰하다, 판단하다'. '度力'은 '힘을 헤아리다'. * 度-잴 탁.

2 弊者葺之(폐자즙지) 해진 것은 기워 주다. 즉 집이 황폐해진 곳은 수리를 해 준다는 의미다. * 弊-해질 폐. 葺-기울 즙.

3 堙者疏之(인자소지) 막힌 곳을 통하게 하다. * 堙-막힐 인

4 何預我事(하예아사) 나의 일과 무슨 관계가 있는가? * 預-미리 예, 참여 예

5 瞬息代去(순식대거) 순식간에 교체되어 떠나다.

6 庶務皆墮(서무개타) 수많은 사무들이 모두 깨지다. 즉 모든 일들이 다 허사가 되고 만다는 의미. * 墮-떨어질 타.

7 公家之務(공가지무) 나라의 일. '公家'는 '국가나 공공단체, 기관'.

풍토병 이야기

옛날에 어떤 사람이 관직에 나가고 싶었지만 그 지방의 풍토병인 장기(瘴氣) 때문에 관직에 나가기를 싫어했는데, 누군가가 그에게 해석해 주기를, "장기의 해로움은 특별한 지역에만 있는 것이 아니라 관리(官吏) 사회에도 있다네. 절박하게 재촉을 하거나 포악하게 세금을 거두고 백성들에게 착취를 해서 윗사람에게 바치는 이런 것은 세금의 장기이고, 법조문을 너무 가혹하게 따지면서도 선과 악을 명백하게 분별하지 못하는 이런 것은 형옥(刑獄)의 장기이며, 백성들의 이익을 약탈하여 자신의 사사로운 저축을 채우는 이런 것은 재화(財貨)의 장기이고, 쇠붙이를 다듬고 나무를 마름질하여 수레와 의복을 잘 장식하는 이것은 공역(工役)의 장기이며, 지나치게 많은 첩을 두고 가무와 여색을 즐기는 이것은 가정생활의 장기라네. 이런 것들 중 하나라도 가지게 되면 사이가 멀고 가깝고를 떠나 백성들은 원망하고 신령은 노하게 될 것이며, 질병이 없던 자에게는 반드시 질병이 생길 것이요 질병을 가진 자는 반드시 죽게 될 것이라네."라고 하였다.

옛날, 원성(元城) 지방의 유(劉)선생은 장기가 널리 퍼져 있는 곳에서 거주를 했지만 정신은 더욱 건강하였으니 이는 지역의 장기가 반드시 사람을 죽이는 것이 아니라 사람을 죽이는 것은 언제나 관리(官吏)들의 장기에 있다는 것을 알려 주는 것이다. 지방의 장기인 풍토병은 걱정하면서 관리의 장기는 걱정하지 않는 것, 이것이 또한 잘못된 것 아닌가!

이런 이유에서 내가 그 사람의 말을 상세하게 기록하여 관직을 받아 놓고 먼 곳으로 가는 것을 꺼리고 곤란한 것을 피하려는 자에게 경계를 삼도록 한다.

瘴¹說

昔人有欲之官, 而惡其地之瘴者. 或釋之曰, 「瘴之爲害, 不特地也, 仕亦有瘴也. 急催暴歛, 剝下奉上, 此租賦之瘴; 深文以逞², 良惡不白, 此刑獄之瘴; 侵牟³民利, 以實私儲, 此貨財之瘴; 攻金攻木, 崇飾車服, 此工役之瘴; 盛揀姬妾, 以娛聲色, 此帷薄⁴之瘴也. 有一於此, 無間遠邇, 民怨神怒, 無疾者必有疾, 而有疾者必死也.」昔元城劉先生⁵, 處瘴海而神觀愈强, 是知地之瘴者, 未必能死人, 而能死人者, 常在乎仕瘴也. 慮彼而不慮此, 不亦左乎⁶? 故余具載其言, 以爲授官憚遠避難者之戒.

1　瘴(장) 장기(瘴氣). 즉, 축축하고 더운 땅에서 생기는 독기(毒氣)를 말한다. 음력 2~3월경의 장기를 춘장(春瘴)·청초장(靑草瘴)이라 하고, 4~5월경의 것을 황매장(黃梅瘴), 6~7월경의 것을 신수장(新水瘴), 8~9월경의 것을 황모장(黃茅瘴)이라고도 한다. * 瘴–장기 장.

2　深文以逞(심문이령) 너무 가혹하게 법조문을 깊이 따지다.

3　侵牟(침모) 침범하고 탐하다. 침범하여 손에 넣다. * 牟–소 우는 소리 모.

4　帷薄(유박) 장막, 휘장. 여기서는 '가정생활'을 의미한다.

5　元城劉先生(원성유선생) 원성 지방의 유선생. '유선생'이란 북송의 유안세(劉安世)를 가리킨다. 그의 자는 '기지(器之)'로 1048년에 태어나 1125년에 사망하였다. '元城'은 지금의 하북성(河北省) 대명현(大名縣)에 속하는 지역이다. 유안세는 멀리 떨어진 변방에서 오랫동안 관직을 맡았었다.

6　不亦左乎(불역좌호) 또한 틀리지 않은가? '左'는 '틀리다'.

가족의 공공자산 침탈 금지

관직에 있으면서 청렴할 수가 없는 까닭은 대부분 가족이 사치하는 것을 좋아해서 그렇게 된다.

집안에서 공급되는 것이 부족하면 그 형세는 반드시 다른 사람에게서 취하게 되어 있다. 혹 사욕을 챙기느라 백성의 것을 빼앗기도 하고 혹은 송사(訟事)를 빌미로 뇌물을 받기도 하며, 혹은 명분을 붙여 재물을 차용하기도 하고, 혹은 친인척에 의탁하여 연회와 선물과 초대와 방문을 아무 제약도 없이 집안으로 통하게 하면 이것으로 인해 걸핏하면 견제가 들어와서 위엄을 펼 수가 없게 된다.

자기는 날마다 흥성해 갈지라도 백성은 날마다 피폐해 갈 것이고 자기는 날마다 기쁠지라도 백성은 날마다 원망할 것이다. 이렇게 해서 일을 망치고 치욕스러운 처벌을 받은 자, 너무 많아 셀 수가 없을 정도다.

그렇다! 설령 처첩을 위해서 이런 일을 했다 할지라도 처첩이 나를 구해줄 수 없고 설령 자손을 위해 이런 일을 했다할지라도 자손이 나를 구해줄 수 없으며, 설령 친구를 위해 이런 일을 했다 할지라도 친구가 나를 구해줄 수는 없는 일이다. 처첩과 자손과 친구 그 누구도 나를 구해줄 수 없으니, 어찌 그 직책에서 청렴하고 부지런하게 해서 스스로가 잘 처리를 하는 것만 하겠는가?

대개 스스로 이렇게 하면, 온 집안은 항상 청빈하다 할지라도 그 평안과 영예가 자손에게 미칠 것이요 다른 사람을 위해서 하면 그 기쁨에 즐거울 것만 같지만, 그 화(禍)와 근심은 자기 신변에서 생겨나게 될 것이다. 이 둘 사이에서 그 깊은 깨달음을 진심으로 알아내지 못한 자라면 그와 더불어 이야기가 쉽지 않을 것이다. 관직을 가진 군자는 세밀하고 신중하게 선택하길 바란다.

禁家人侵漁

居官所以不能淸白者, 率由家人喜奢好侈使然也. 中旣不給, 其勢必當取於人, 或營利以侵民, 或因訟而納賄, 或名假貸, 或託姻屬, 宴饋徵逐[1], 通室無禁. 以致動相掣肘[2], 威無所施. 己雖日昌, 民則日瘁, 己雖日歡, 民則日怨. 由是而坐敗辱者, 蓋駢首驪踵[3]也. 嗚呼! 使爲妻妾而爲之, 則妻妾不能我救也; 使爲子孫而爲之, 則子孫不能我救也; 使爲朋友而爲之, 則朋友不能我救也. 妻妾、子孫、朋友皆不能我救也, 曷若[4]廉勤乃職, 而自爲之爲愈也哉! 蓋自爲, 雖闔門[5]恒淡泊, 而安榮及子孫; 爲人雖譁然如可樂, 而禍患生几席[6]也. 二者之間, 非眞知深悟者, 未易與言. 有官君子, 其審擇焉.

1　宴饋徵逐(연궤징축)　연회를 열고 선물을 받고 사람을 초대하고 방문을 하다. '徵逐'이란 친구 사이에 서로 초대를 하거나 초대를 받아 빈번하고 긴밀하게 왕래하는 것을 말한다.

2　動相掣肘(동상철주)　움직였다 하면 서로 남의 팔꿈치를 옆에서 끌다. 즉 걸핏하면 남의 일에 참견하여 못하도록 방해한다는 의미다. 이는 ≪여씨춘추(呂氏春秋)≫의 〈구비(具備)〉편에 나오는 이야기로, 공자의 제자인 복자천(宓子賤)에 얽힌 고사다.

3　駢首驪踵(변수려종)　머리와 머리를 나란하게 하고 다리와 다리를 나란히 하다. 즉 사람이 많음을 형용하는 말이다. * 駢—나란히 할 변. 驪—가라말 려. 踵—발꿈치 종.

4　曷若(갈약)　어떠한가? 어찌 ~만 하겠는가? ~만 못하다. (=何如)

5　闔門(합문)　일족 전체, 온 집안. * 闔—문짝 합.

6　禍患生几席(화환생궤석)　화와 근심이 책상 자리에서 생겨나다. 옛날 사람들은 자리 옆에 앉은뱅이책상을 놓아 두고 피곤할 때 여기에 기대곤 하였다. '生几席'이란 말은 '신변에서 발생한다'는 의미다.

신명께 고하기

옛날 전례대로, 목민관이 취임하면 반드시 경내에서 제사를 지내 주는 신령에게 고해야 하는데, 그 선서는 뇌물을 받지 않겠다고 하는 것으로 맹세를 하고, 어떻게든 선한 것을 행하고자 하는 결심을 확고하게 세워도 좋다. 이렇게 하고 난 후에는 비록 마음을 바꾸고자 하여도 분명히 두려움 때문에 감히 그렇게 하지 못하게 된다.

告廟

故事[1]牧民官旣上, 必告境內所當祀之神, 宜以不賄自爲誓, 庶堅其遷善之心焉[2]. 爾後雖欲轉移, 亦必有所畏而不敢.

---

1 故事(고사) 옛날이야기. 여기서는 '옛날의 선례에 따르면'.
2 庶堅其遷善之心焉(서견기천선지심언) 어떻게든 선함으로 옮겨 가겠다는 마음을 확고하게 세워도 좋다. '庶'는 '바라다, 괜찮다'.

사건 심의
聽訟第三

실정 잘 살피기

사람은 홀로 살아갈 수가 없기에 반드시 여러 사람들에게 의지해서 삶을 살아간다. 사람들이 서로 의지해서 살아가는 것, 이것이 송사(訟事)가 일어나는 이유다.

그래서 성인이 ≪주역(周易)≫을 만들 때 송괘(訟卦) 뒤에 사괘(師卦)로 이어지게 하였는데, 이것이 경고하는 바는 참으로 의미가 깊다.

무릇 소송을 잘 들을 줄 아는 자는 반드시 먼저 그 실정을 잘 살피고 그 실정을 잘 살피고자 할 때는 반드시 먼저 그들의 말을 잘 물어보아야 한다. 그의 사리(事理)가 바르면 그의 말도 바르고 그의 사리가 바르지 못하면 그 말도 바르지 못할 것이다. 억지로라도 그의 말을 바르게 하도록 하면 그 말 속에는 반드시 서로 모순되는 것이 있게 되고, 그것에 따라 심문하면 진실인지 거짓인지가 드러나게 되어 있다.

≪주례(周禮)≫에서는 오성(五聲)에 근거하여 소송을 다스릴 때 민정(民情)을 파악하는 것도 이것에서 벗어나는 것이 없다 하였다. 그래서 성인도 말하기를, "소송을 심의할 때는 나도 다른 사람과 똑같이 하지만 필요한 것은 역시 소송이 없도록 하는 일이다."라고 하였다.

대개 소송을 심의하는 것은 이미 그렇게 일어난 일을 절충하는 것으로, 참으로 그 마음을 공정히만 할 수 있다면 어떤 사람이든 다 할 수가 있는 것이다. 소송이 없도록 하려면 아직 문제가 발생하지 않았을 때 문제되는 것을 방비하는 것으로, 덕으로 백성들을 교화시키지 않고서 어찌 이런 수준까지 이를 수 있겠는가?

그렇다! 무릇 백성을 다스리는 자는 소송을 심의하는 것으로 목적을 얻을 수 있을 것이라고 믿어서는 아니 될 것이다.

察情

人不能獨處, 必資衆[1]以遂其生. 衆以相資, 此訟之所從起也. 故聖人作易[2], 訟繼以師[3], 其示警固深矣. 夫善聽訟者, 必先察其情; 欲察其情, 必先審其辭. 其情直, 其辭直; 其情曲, 其辭曲. 政使强直其辭, 而其情則必自相矛盾, 從而詰之, 誠僞見矣. 周禮[4]以五聲[5]聽獄訟, 求民情, 固不外乎此. 然聖人謂, 「聽訟吾猶人也. 必也使無訟乎!」[6] 蓋聽訟者, 折衷於已然, 苟公其心, 人皆可能也; 無訟者救過於未然, 非以德化民, 何由及此? 嗚呼! 凡牧民者, 其勿恃能聽訟爲德也.

---

1 資衆(자중) 대중에게 의지하다. 즉 여러 사람들에게 의지하다. '資'는 '의탁하다'.
2 聖人作易(성인작역) 성인이 ≪역(易)≫을 짓다. ≪역(易)≫은 유가 경전 중의 하나로, ≪주역(周易)≫에 대한 약칭이다. 주(周)나라 사람이 지었다고 하여 ≪주역≫이라 칭하는데, 여기서는 천(天)·지(地)·뢰(雷)·풍(風)·수(水)·화(火)·산(山)·택(澤)을 상징하는 팔괘(八卦)를 기초로 하여 64괘(卦)와 384효(爻)를 만들어 내고 있다. 모든 괘효(卦爻)에는 각각 설명과 해석이 있다.
3 訟繼以師(송계이사) ≪주역(周易)≫에서 여섯 번째 '송괘(訟卦)'에 이어 일곱 번째 괘가 사괘(師卦)로 연결이 되어 있다는 말이다. '師'는 '장수'를 상징하지만, 여기서는 '관리(官吏)'의 의미를 강조하고 있다.
4 周禮(주례) ≪주례(周禮)≫는 유교 경전 중의 하나로, ≪주관(周官)≫ 혹은 ≪주관경(周官經)≫이라고도 한다. 이는 중국 주나라의 관제(官制)를 기록한 책으로, 천(天)·지(地)·춘(春)·하(夏)·추(秋)·동(冬)을 본떠서 육관(六官)의 관제(官制)를 만들었다.
5 五聲(오성) 말(辭)·안색(色)·호흡(氣)·청각(聽)·눈빛(眼)을 말한다. 말이 바르지 못하면 마음을 졸이고, 안색이 안 좋으면 얼굴이 붉어지고, 숨소리가 바르지 못하면 헐떡거리고, 듣기가 잘 안 되면 의심이 되고, 눈빛이 바르지 못하면 눈이 흐려지기 때문이다.
6 聽訟吾猶人也. 必也使無訟乎(청송오유인야. 필야사무송호) ≪논어(論語)≫의 〈안연(顔淵)〉 편에 나오는 공자의 말이다.

송사(訟事) 수습

송사(訟事)가 일어날 때는 원인이 있으니 그것은 바로 소송장을 쓰는 사람이다. 무릇 무지한 백성들은 형벌이나 헌법에 어둡기 때문에 소송장을 쓰는 사람이 그들에게 옳고 그름을 일깨워 주고 이해관계를 알려 줄 수 있다면 부끄러운 마음으로 복종을 하고 쌍방이 서로 화해를 해서 소송을 취소하지 않을 자가 거의 없을 것이다.

소송장 쓰는 사람의 마음이 거두어들일 것에만 유리하게 하고 옳고 그름에 대해서는 애매한 태도를 가지며, 보이는 곳에서는 화해를 시키고 안 보이는 곳에서는 사람을 꼬드기며, 왼쪽에서는 풀어 주고 오른쪽에서는 또 사로잡아 들이며, 술수를 부리면서 백성을 가지고 노는 것에 싫증도 내지 않고 그만두지도 않으니, 하급관리의 조사에서는 진위가 뒤섞여 믿을 만한 것이 없는데, 이유는 대개 이런 것 때문이다.

대개 한 지역의 쟁송(爭訟)은 의당 한두 명의 노련하고 일에 정통한 사람을 선발하여 그에게 소송장을 쓰도록 하고, 매월 비교를 해 보고 계절마다 고찰을 해서 그들의 공로와 과실을 헤아려 상과 벌을 주어야 한다.

만약에 싸움을 했다거나, 욕설을 했다거나, 돈을 빌렸다거나, 저당을 잡혔다거나 하는 일처럼, 무릇 절박하지 않은 송사(訟事)는 그들에게 자유롭게 맡겨서 문제를 해결할 수 있도록 분명하게 알려 주고, 타일렀는데도 승복을 하지 않고 관청에까지 와서 끝까지 회개하는 마음이 없으면 법률에 의해 제재를 가하도록 한다. 이와 같이 하면 송사의 원천은 깨끗하게 해결이 될 수 있을 것이요, 민간의 불성실하고 경박한 풍속도 대개가 거의 순박해지고 인정이 두터워지게 될 것이다.

弭訟

起訟有原, 書訟牒者是也. 蓋蚩蚩之氓[1], 闇於刑憲[2], 書訟者, 誠能開之以枉直, 而曉之以利害, 鮮有不愧服兩釋而退者. 惟其心利於所獲, 含糊其是非, 陽解而陰嗾[3], 左縱而右擒, 舞智弄民, 不厭不已, 所以厥今吏按[4], 情僞混殽, 莫之能信者, 蓋職乎此也. 大抵一方之訟, 宜擇一二老成鍊事者, 使書之, 月比而季考, 酌其功過而加賞罰焉. 若夫毆詈假質[5], 凡不切之訟, 聽其從宜諭遣之; 諭之而不伏, 乃達於官; 終無悛心[6], 律以三尺[7]. 如此則訟源可淸, 而民間澆薄之俗, 庶幾乎復歸於厚矣.

---

1 蚩蚩之氓(치치지맹) 무지한 백성. '蚩蚩'는 '무지한 모양'을 말하고, '氓'은 '백성'을 말한다.
2 闇於刑憲(암어형헌) 형벌과 헌법에 어둡다. * 闇―닫힌 문 암.
3 陰嗾(음주) 몰래 사주(使嗾)를 하다. * 嗾―부추길 주.
4 厥今吏按(궐금리안) 지금 관리의 조사. '按'은 '조사하다'.
5 毆詈假質(구리가질) 싸움·욕설·대차(貸借)·저당.
6 終無悛心(종무전심) 끝까지 개오하는 마음이 없다. * 悛―고칠 전
7 律以三尺(율이삼척) 법률로 제재를 가하다. '三尺'이란 '三尺法'의 준말로, 옛날에는 법률 조문을 삼척(三尺) 길이의 죽간(竹簡)에 썼기에 이렇게 불렀다.

모함을 듣지 말 것

송사(訟事)에 능한 사람은 이치로 혹 이기지 못하면 왕왕 그 적이 되는 사람을 모함하여 일찍이 관장(官長)을 비방했다고 말한다. 소송을 심의하는 사람은 마음을 가라앉히고 감정을 냉정하게 하여 비방의 말은 전혀 관계하지 말고 오직 실제 상황만을 심사하고 처리하여 내보내면 대체적으로 간사한 소인의 계략에 빠지지 않게 된다.

勿聽讒

健訟者理或不勝, 則往往誣其敵嘗謗官長也. 聽之者, 當平心易氣, 置謗言於事外[1], 惟覈其實[2]而遣之, 庶不墮奸民計中矣.

1 　置謗言於事外(치방언어사외)　비방의 말은 사건 밖에 놓는다. 즉 비방한 말은 조사 내용과 연결시키지 않고 문제를 삼지 않는다는 의미다.
2 　惟覈其實(유핵기실)　오직 그 실제 사실만 조사하다. '覈'은 '실상을 조사하다'.
　　* 覈—핵실할 핵

친족 송사는 천천히 할 것

친족 간에 서로 송사가 생기면 서서히 진행해야지 급히 해서는 안 되며 너그럽게 해야지 너무 잔혹하게 해서는 안 된다. 서서히 진행하면 혹 그 잘못을 깨우치기도 하고 너무 잔혹하게 하면 그 증오가 더 심해지기도 한다. 다만 그 마을로 내려가서 그들을 깨우치도록 지도해 주는 것, 이것이 제일 좋다.

親族之訟宜緩

親族相訟, 宜徐而不宜亟[1], 宜寬而不宜猛. 徐則或悟其非, 猛則益滋其惡. 第下其里中[2]開諭之, 斯得體矣[3].

---

1 不宜亟(불의극) 급하게 하는 것은 옳지 않다. * 亟—빠를 극.
2 第下其里中(제하기리중) 다만 그 마을 가운데로 내려가다. '第'는 '다만'.
3 斯得體矣(사득체의) 이것이 제격이다. '斯'는 '이것', '得體'는 '틀에 꼭 맞다, 신분에 걸맞다, 제격이다'.

강자와 약자 구별하기

인간세상의 정황 중에는 강자가 약자를 기만하고 부자가 가난한 자를 집어삼키며, 수가 많은 자가 적은 자를 난폭하게 대하고 관직에 있는 자가 세력이 없는 자를 과도하게 깔보기도 한다. 송사를 심사할 때 반드시 이를 잘 살펴야 한다.

別强弱

世俗之情, 强者欺弱, 富者呑貧, 衆者暴寡, 在官者多凌無勢之人. 聽訟之際, 不可不察.

심문 대기자를 기다리게 하지 말 것

옛날에 일찍이 지방 파견이 있어 주(州)와 현(縣)을 지나는데, 심문을 기다리는 자들이 문 입구에 운집해 있기에 매번 이것에 마음이 괴로웠다. 그리하여 유능한 관리 한 명을 명하여 그들이 신고한 내용을 기록하도록 하고 날마다 그것을 심사하고 날마다 그 사람들을 처리하여 돌려보내도록 하였더니 열흘도 되지 않아 관부(官府)에는 인기척이 없게 되었다.

待問者勿停留

昔嘗使外, 所過州縣, 待問者雲集乎門, 每病焉[1]. 乃命一能吏, 簿其所告, 而日省之, 而日遣之. 不浹旬[2], 則訟庭闃然[3]矣.

---

1 每病焉(매병언) 매번 이에 병이 나다. 즉 항상 그런 현상을 보고 마음에 근심이 되었다는 의미다. '病'은 '근심이 되다, 마음이 아프다'.
2 不浹旬(불협순) 열흘도 되지 않다. '浹'은 '두루 미치다'는 의미이므로, '浹旬'은 '만 열흘'이라 할 수 있다. * 浹—두루 미칠 협. 旬—열흘 순.
3 訟庭闃然(송정격연) 송사를 하는 법정이 고요해지다. '闃然'은 '고요하다, 인기척이 없다'. * 闃—고요할 격.

집회 심문

송사 중에는 서로 약속을 해서 집회 심문을 해야 할 때가 있는데 일시적인 분노 때문에 함부로 고문을 해서는 안 된다. 예컨대 승려·도사나 병졸처럼 관할에 예속되지 않은 모든 사람이 여기에 속한다.

會問

訟有相約而問者, 不可乘一時之忿擅加搒掠[1]也. 若釋道, 若兵卒, 諸不隸所部者[2]是已[3].

---

1 擅加搒掠(천가방략) 멋대로 고문을 가하다. '擅'은 '멋대로, 마음대로', '搒掠'은 '매질하다, 고문하다'. * 擅—멋대로 천. 搒—배 저을 방. 掠—노략질할 략.
2 不隸所部者(불례소부자) 관할에 예속되지 않은 자. '部'는 '통솔하다, 통할하다'. * 隸—붙을 예.
3 是已(시이) 이런 사람들이 이런 경우에 속한다. '已'는 '그치다, 끝나다, 멎다'.

요사스러운 말

민간에 요사스러운 말로 대중들을 미혹하게 하는 자가 있으면 마땅히 특별한 죄목을 빌려 그들을 처벌해야 한다. 만약에 터무니없는 요망스러운 책이 있으면 모아 불을 질러 버려야 그 종적을 소멸시킬 수 있을 것이다. 이런 것들이 만연하여 대형 소송사건이 됨으로써 무고한 백성에게 화가 미치지 않도록 하라.

妖言

民有妖言惑衆者, 則當假以別罪[1]而罪之[2]. 如有妄書, 取而火之, 則厥跡滅矣. 勿使蔓[3]爲大獄, 延禍無辜.

---

1 假以別罪(가이별죄) 다른 죄를 빌리다. 즉 특별한 죄목을 빌리다.
2 罪之(죄지) 그들에게 벌을 주다. '罪'는 '벌하다, 탓하다'.
3 爲大獄(위대옥) 큰 옥사(獄事)가 되다. 즉 대형 소송사건이 되다. '獄'은 '소송사건'.

백성의 아픔을 자기 아픔처럼 여기기

백성에게 송사(訟事)가 있으면 자기에게 송사가 있는 것처럼 하고 백성들이 떠돌아다니면 자기가 떠돌아다니는 것처럼 하고, 백성이 감옥살이를 하면 자신이 감옥살이를 하는 것처럼 하고 백성이 모진 도탄에 빠져 있으면 자신이 모진 도탄에 빠져 있는 것처럼 하라.

모든 백성의 질고는 다 자신의 질고와 같은 것이니 이전의 습관을 그대로 답습해서 해낼 수 있겠는가?

民病如己病

民之有訟, 如己有訟; 民之流亡, 如己流亡; 民在縲絏[1], 如己在縲絏; 民陷水火[2], 如己陷水火. 凡民疾苦, 皆如己疾苦也, 雖欲因仍可得乎[3]?

---

1 民在縲絏(민재류설) 백성이 오랏줄을 감다. 즉 백성이 감옥살이를 한다는 의미다. '縲絏'은 '옛날에 죄인을 묶는 새끼줄'을 말하는데, 여기서는 감옥살이를 뜻한다.
2 陷水火(함수화) 물과 불에 빠지다. 즉 모진 도탄에 빠지다.
3 雖欲因仍可得乎(수욕인잉가득호) 설령 답습을 한다고 가능하겠는가? '因仍'은 '답습하다, 그대로 좇다'. '可得'은 '가능하다'.

송사(訟事) 이관

근년 어사대(御史臺)에서는 송사를 접수한 후 왕왕 주(州)·군(郡)의 관리에게 격문을 보내 송사를 대신 처리하도록 하고 있다. 대신하여 심사를 맡은 관원은 윗사람의 위세와 의견에 비위를 맞추고 일시적인 총애를 얻기 위해 다른 사람으로 하여금 억울한 형벌을 뒤집어쓰고 은밀한 보복 행위를 걱정하지 않도록 해야 할 것이다.

移聽

近年司憲¹受詞訟², 往往檄州郡官³代聽之. 代聽者不可承望風旨⁴, 邀寵一時, 使人茹枉受刑⁵, 而靡恤陰理⁶.

---

1 司憲(사헌) 어사대(御史臺). 즉 정사를 논의하고 풍속을 바로 잡으며, 백관을 감찰하고 탄핵하는 일을 하던 중앙 관청을 말한다.
2 詞訟(사송) 옛날에 백성들끼리 분쟁이 있을 때 관부에 호소하여 그 판결을 구하던 일을 말한다.
3 檄州郡官(격주군관) 주(州)·군(郡)의 관리에게 격문을 보내다. '檄'은 '격문, 격문으로 알리다'. * 檄—격문 격
4 承望風旨(승망풍지) 윗사람의 위세나 의견을 바라다. 즉 비위를 맞춘다는 의미다. '承望'은 '바라다, 원하다'. '風旨'는 '상급 관장(官長)의 위세나 의견'.
5 茹枉受刑(여왕수형) 억울함을 참고 형을 받다. '茹枉'은 '억울함을 참다'. '茹'는 '참다, 인내하다'. '枉'은 '억울하다, 원통하다'. *茹—먹일 여. 枉—굽을 왕.
6 靡恤陰理(미휼음리) 은밀한 다스림을 염려하지 않다. 즉 은밀한 보복 행위를 염려하지 않는다는 의미. '靡恤'은 '걱정하지 않다'. '陰理'는 '숨겨진 이치, 은밀한 다스림'. * 靡—쓰러질 미(=無). 恤—구휼할 휼.

아랫사람 다스리기
御下第四

관리 다스리기

하급관리는 관장(官長)을 보좌하여 일을 하므로 그들이 없어서는 안 되며 그들의 지위는 가장 친근하게 되어 있다. 그 친근함 때문에 시간이 좀 오래 되면 반드시 두려워하는 것이 없는 지경에 이르게 되고, 없어서는 안 되는 것 때문에 시간이 좀 오래되면 반드시 사악한 짓을 하는 지경에 이르게 된다. 이것이 오늘날의 전반적인 병폐다.

그들이 두려워하는 바가 있도록 하려면 자기 자신을 엄격하게 하는 것보 다 더 좋은 것이 없고, 그들이 사악한 짓을 못하도록 하려면 그들의 문서를 상세하게 살펴보는 것보다 더 좋은 것이 없다.

이른바, 자기 자신을 엄격하게 한다는 것은 말과 표정을 사납게 한다는 것이 아니라 그들이 주는 선물을 거절하면 그만이라는 말이다. 또한 그들의 문서를 상세하게 살펴본다는 것은 생트집을 잡는다는 것이 아니라 그 원칙 을 잘 적용하면 그만이라는 말이다.

대개 천하의 모든 일은 크고 작음에 관계없이 문서 자료에 근거해서 집행 을 하지만 조금이라도 마음을 쓰지 않으면 간사하고 거짓된 행동이 뒤따라 생겨나게 되어 있다.

대체적으로, 관원으로 하여금 차마 속이지 못하도록 하는 것이 상책이고, 속일 수 없도록 하는 것이 그다음이며, 감히 속이지 못하도록 하는 것이 또 그다음이다.

선(善)으로 사람을 감화시키는 것은 성인(聖賢)이 아니면 할 수 없는 일이 다. 그래서 선배가 말하기를, "관원이 차마 속이지 못하도록 하는 것은 관장 (官長)의 품행에 있고, 관원이 속일 수 없도록 하는 것은 관장의 현명함에 있으며, 관원이 감히 속이지 못하도록 함은 관장의 위엄에 있다."라고 하였다.

이 세 가지 방법 중에 자신이 할 수 있는 것을 잘 헤아려서 처리하면 대개 그 하급관리들에게 업신여김을 당하지 않게 될 것이다.

御吏

吏佐官治事, 其人不可缺, 而其勢最親. 惟其親[1], 故久而必至無所畏; 惟其不可缺, 故久而必至爲姦. 此當今之通病也. 欲其有所畏, 則莫若自嚴; 欲其不爲姦, 則莫若詳視其案也. 所謂自嚴者, 非厲聲色也, 絶其饋遺而已矣[2]. 所謂詳視其案者, 非吹毛求疵[3]也, 理其綱領[4]而已矣. 蓋天下之事, 無有巨細, 皆資案牘以行[5]焉, 少不經心[6], 則姦僞隨出[7]. 大抵使不忍欺爲上, 不能欺次之, 不敢欺又次之. 夫以善感人者, 非聖人不能, 故前輩謂, 「不忍欺在德, 不能欺在明, 不敢欺在威.」於斯三者, 度己所能[8]而處之, 庶不爲彼所侮[9]矣.

1　惟其親(유기친)　친근함 때문에. '惟其'는 '∼ 때문에, ∼한 까닭으로'.

2　絶其饋遺而已矣(절기궤유이이의)　그 선물을 끊으면 될 뿐이다. '饋遺'는 '선사하다, 선물하다'. '而已'는 '∼만, ∼뿐, ∼하면 그만일 뿐이다'.

3　吹毛求疵(취모구자)　털을 불어 결점을 찾다. 즉 억지로 남의 결점을 꼬치꼬치 찾아내어 생트집을 잡는다는 의미다. * 疵－흠 자.

4　理其綱領(리기강령)　그 강령으로 다스리다. 즉 원칙으로 다스린다는 의미다.

5　資案牘以行(자안독이행)　문서에 근거해서 행하다. 즉 문서자료에 따라 처리한다는 의미다. * 牘－편지 독.

6　少不經心(소불경심)　조금이라도 마음에 두지 않으면. '經心'은 '마음에 두다, 조심하다, 주의하다'.

7　姦僞隨出(간위수출)　간사함과 거짓이 뒤따라서 생겨난다.

8　度己所能(탁기소능)　자기가 할 수 있는 바를 헤아리다. * 度－헤아릴 탁.

9　不爲彼所侮(불위피소모)　그들에게 모욕을 당하지 않다.

관리 단속하기

모든 하급관리가 민간에서 마음대로 부자들과 친하게 지내며 관부의 일을 누설하고 송사의 단서를 제공하고 요행의 문을 열어 주도록 해서는 안 된다.

여가가 있을 때, 그들을 소집해서 경서를 강독해 주고 법조문을 읽어 주면서 각종 방법으로 그들을 단속하면 자연스럽게 그들이 멋대로 하지 않을 것이다.

約束

諸吏曹勿使縱游民間, 納交富室[1], 以泄官事, 以來訟端, 以啟倖門[2]也. 暇則召集講經讀律, 多方[3]羈縻之, 則自然不橫[4]矣.

---

1 納交富室(납교부실) 부자들과 교제하다. '納交'는 '교제하다, 벗으로 사귀다, 친교를 맺다'. '富室'은 '부자'.
2 啟倖門(계행문) 요행의 문을 열다. 즉 간사한 소인이나 요행을 바라는 자에게 입신출세하는 길을 열어 준다는 의미다.
3 羈縻之(기미지) 굴레를 채워 매다. '羈縻'는 '속박하다, 농락하다, 구금하다'. * 羈 —굴레 기. 縻—고삐 미.
4 不橫(불횡) 횡행하지 않다. 아무렇게나 하지 않다. '橫'은 '종횡으로 난잡하다, 난폭하다, 불합리하다'. * 橫—가로 횡.

심부름꾼 다루기

관아의 심부름꾼들은 공무(公務)가 아니면 더불어 말을 걸지 말고, 공무에 관한 심부름이 아니면 백성들과 서로 왕래하도록 하지 말라.

이런 소인들은 위엄 있는 태도로 대하더라도 문제를 일으킬까 봐 걱정이 되는데 한 번이라도 혹 위엄을 풀어 놓으면 반드시 기탄없이 행동을 하게 될 것이다.

待徒隷

皂卒徒隷[1], 非公故勿與語, 非公遣勿使與民相往來. 若輩小人, 威以淩之, 猶恐爲患, 一或解嚴, 必百無忌憚[2]矣.

---

1 皂卒徒隷(조졸도례) 하인, 심부름꾼. * 皂-하인 조. 卒-군사 졸. 하인 졸. 徒-무리 도. 隷-종 례

2 百無忌憚(백무기탄) 아무 꺼리는 것이 없다. '百無'는 '전혀 없다'. '忌憚'은 '꺼리다, 기탄하다, 두려워하다'.

일 줄이기

정사를 다스리는 이치에서 가장 중요한 요체는 걱정을 더는 것보다 좋은 것이 없다. 걱정을 덜면 일을 덜게 되고 일을 덜면 백성이 편안하게 되며, 백성이 편안하게 되면 하급관리가 구실을 삼아 일을 만들어 낼 것이 없게 된다. 하나라도 혹 일이 번잡하고 어수선하게 되면 위나 아래나 모두가 그 소란스러운 일에 말려들게 된다.

그러나 일 중에는 또 반드시 줄일 수 없는 일도 있으니 이럴 때는 또 단속할 수단을 어떻게 해야 할지를 계획하면 될 뿐이다.

옛날 사람이 말하기를, "계획이 많은 사람은 계획이 부족한 사람을 이기고 계획이 부족한 사람은 계획이 없는 사람을 이긴다."라고 하였다.

이는 특별히 용병(用兵)에서만 그런 것이 아니라, 하나의 노역을 관리하든, 한 차례의 연회를 준비하든, 하나의 옥사를 처리하든, 진심으로 세밀하게 생각을 해서 번잡한 것은 번잡한 대로 간략한 것은 간략한 대로 모두 제시를 하면, 백성들이 받게 될 혜택이 적지 않다.

나는 일찍이 현령을 지냈었는데, 하급관리들은 봄이 되면 농민들을 재촉하여 농업과 양잠업을 보고하고, 여름이면 군사 위관(尉官)에게 격문을 보내 군대를 훈련시키고, 가을이면 마을 지신의 제삿날 의창(義倉)의 곡식을 검사하고, 겨울이면 꼴을 거두어들여 말을 사육하도록 하였다. 그 외에도 예컨대 도망병이나 유랑민·탈주범, 그리고 수년 동안 탈세를 한 백성들을 걸핏하면 잡아들여 100여 명이 되었고, 뇌물을 주지 않으면 놔주지를 않았다.

나는 그런 모습을 보고, 항상 그런 문서는 던져 버리고 서명도 하지 않았으며, 여가가 있을 때 한두 명의 근실하고 너그러운 관리를 데리고 직접 그 지역으로 가서 조사를 한 후 입안(立案)할 것은 입안을 하고 실행시킬 것은 실행이 되도록 하였다.

이렇게 모든 것을 오직 근거할 수 있는 조문에 따라 사무를 처리하자 관리들은 세도 부릴 의지를 잃어버린 반면 백성들은 안정을 찾을 수 있었다. 지금까지도 부근의 군현(郡縣)에서는 아직 이런 방법을 본보기로 삼고 있다.

省事

爲治之道, 其要莫如省心[1]. 心省則事省, 事省則民安, 民安則吏無所資. 一或紛然, 上下胥罹其擾[2]也. 然事亦有必不能省者, 則又在夫措畫隄防之術[3]何如耳. 古人謂, 「多算勝少算, 少算勝無算.」 不特用兵爲然, 一役之修, 一宴之設, 一獄之興, 誠能思慮周詳, 繁略畢擧, 則民之受賜不淺矣. 某嘗爲縣[4], 胥吏輩, 春則追農以報農桑, 夏則檄尉以練卒伍[5], 秋則會社以檢義糧[6], 冬則賦芻以飼尙馬, 其他若逃兵·亡戶·逸盜及積年逋稅之民, 動集百餘[7], 不賂不釋. 某見其然[8], 常揮牘不爲署[9]. 暇則將一二謹厚吏, 親詣其地而按之[10], 可擬者擬, 可行者行. 由是一切惟以信版集事[11], 吏人失志[12], 百姓獲安. 至今旁郡以爲例.

---

1 其要莫如省心(기요막여생심) 그 요체는 심사를 더는 것만 한 것이 없다. '要'는 '요체, 핵심'. '莫如'는 '~만 한 것은 없다. ~하는 것이 가장 좋다.' '省心'은 '심사를 덜다, 걱정거리를 덜다'. * 省-덜 생

2 胥罹其擾(서리기요) 모두 그 소요에 걸려들다. '胥'는 '모두', '罹'는 '재난을 당하다, 질병에 걸리다, 만나다'. '擾'는 '교란, 소요'.

3 措畫隄防之術(조화제방지술) 막을 방법을 계획하다. '措畫'는 '계획을 세우다, 마련하다'. '隄防'은 '막다, 단속하다'. '術'은 방법.
4 某嘗爲縣(모상위현) 나는 일찍이 현령을 했었다. '某'는 '나, 본인'. '嘗'은 '일찍이'. '縣'은 '현령'.
5 檄尉以練卒伍(격위이련졸오) 위관(尉官)에게 격문을 보내 병사들을 훈련시키다.
6 會社以檢義糧(회사이검의량) 제삿날 모여 의창(義倉)의 양식을 검사하다. '會社'는 '모여서 지신(地神)에게 지내는 제사'. '義糧'은 '의창의 곡식'으로, 옛날에 흉년이나 재해가 발생했을 때 가난한 백성들을 구제하기 위해 의창에 저장해 두던 곡식을 말한다.
7 動集百餘(동집백여) 걸핏하면 모아서 백여 명이 된다. 즉, 걸핏하면 사람들을 잡아들여 그 수가 100여 명이 되었다는 의미다. '動'은 '걸핏하면, 움직였다 하면'.
8 某見其然(모견기연) 내가 그러함을 보고. '某'는 '나, 본인'.
9 揮牘不爲署(휘독불위서) 편지를 던져 버리고 서명하지 않다. '牘'은 '보고 문서'. '署'는 '서명하다, 사인하다'.
10 按之(안지) 그것을 조사하다. '按'은 '조사하다'.
11 以信版集事(이신판집사) 신뢰할 수 있는 틀로 일을 가지런히 하다. '信版'은 '믿을 만한 틀, 신뢰할 수 있는 근거'. '集'은 '가지런히 하다'.
12 吏人失志(리인실지) 관리들이 뜻을 잃다. 즉 관리들이 세도를 부릴 생각을 못하게 된다는 의미다.

위엄 지키기

작게는 하나의 읍(邑)을 다스리고 크게는 천하를 다스리더라도 상벌을 분명하게 하면 목소리와 안색을 엄하게 하지 않아도 위엄을 가진 명령이 저절로 행해지게 된다.

사람들은 백성을 다스리는 일이 어렵다는 것은 잘 알지만 하급관리를 다스리는 일이 더 어렵다는 것은 알지 못한다. 대개 백성들은 관리들처럼 이치와 법률을 알지 못해서 실수로 법률을 어기게 되는 것이므로 마땅히 이것은 불쌍하게 여겨 줄 만하다.

그러나 관리들은 날마다 법률 속에 몸을 두고 있어서 결코 모를 리가 없기 때문에 자그마한 과실이라도 징벌하지 않으면 반드시 커다란 우환거리가 되고 마침내는 두려워하는 것이 없게 될 것이다.

일찍이 듣기로, 백성을 다스리는 것은 눈을 다스리는 것과 같아서 그것을 건드리면 더욱 흐려지고, 하급관리를 다스리는 것은 치아를 다스리는 것과 같아서 이물질을 후벼 내고 입안을 깨끗이 헹궈 내면 더욱 좋아진다고 하였다.

경전에 이르기를, "위엄으로 그 사랑하는 바를 이겨 내면 반드시 성공할 수 있고 사랑하는 바가 그 위엄을 이겨 내면 반드시 공적(功績)을 이룰 수 없다."라고 하였다. 이 말을 법으로 삼아 실천한다면 결단코 다스리기 어려운 지경까지 이르지는 않을 것이다.

威嚴

小而爲一邑, 大而爲天下, 賞罰明, 則不煩聲色而威令自行. 人徒知治民之
難, 而不知治吏爲尤難. 蓋民與官不能知理法, 誤然而犯, 宜若可矜[1]. 吏則日
處法律中, 非不知也, 小過不懲, 必爲大患, 無所忌憚矣. 嘗聞, 治民如治目,
撥觸之則益昏; 治吏如治齒牙, 剔漱之則益利. 傳曰[2], 「威克厥愛允濟[3], 愛克
厥威允罔功[4].」法此而行, 斷不至於難治矣.

---

1   宜若可矜(의약가긍) 마땅히 이것은 불쌍히 여길 만하다. '若'은 '이것'.
2   여기서 인용한 문장은 ≪서경(書經)≫〈胤征(윤정)〉편에 나오는 구절이다.
3   允濟(윤제) 반드시 성공하다. '允'은 '참으로, 실제로, 반드시'. '濟'는 '이루다, 성
    취하다, 성공하다'.
4   罔功(망공) 공이 없다. 즉 공적을 이룰 수 없다는 의미.

덕으로의 교화
宣化第五

먼저 수고하기

옛날의 위정자들은 자기 스스로가 그 노고를 맡아 백성들을 안락하게 해 주었다. 지금의 위정자들은 자기 스스로가 그 안락을 향유하느라 백성들에게는 고생을 주고 있다. 자신이 수고로우면 백성들이 편안하고 자기가 편안하면 백성들이 수고롭다는 것, 이것은 필연적인 이치이다.

자기 몸 하나 수고하는 것이 싫어서 지역의 모든 백성들이 편안하지 못하도록 하는 것, 인인(仁人) 군자라면 차마 이렇게 할 수 있겠는가?

옛날에 자로(子路)가 정치에 대해서 묻자 성인이 그에게 일러 주기를, "먼저 수고하는 것", "싫증내지 않는 것"이라고 하였다. 그렇다. 이것이 진정 만세토록 정치에 대한 격언이 될 것이다.

先勞

古之爲政者, 身任其勞, 而貽百姓以安. 今之爲政者, 身享其安, 而貽百姓以勞. 己勞則民逸, 己逸則民勞, 此必然之理也. 憚一己之勞, 而使闔境之民不靖[1], 仁人君子, 其忍爾乎? 昔子路問政, 而聖人[2]告以「先之勞之」, 「無倦」. 嗚呼! 此眞萬世爲政之格言也歟!

---

1   闔境之民不靖(합경지민불정) 모든 경내의 백성들이 편안하지 못하다. '闔'은 '모두, 온'. * 闔—문짝 합. 靖—편안할 정.
2   聖人(성인) 성인. 즉 공자(孔子)를 말한다.

옛 제도 펼치기

조정의 덕화(德化)와 은택은 지방관들이 대부분 방치를 해 놓고 선포를 안 하고 있다. 이른바 문무(文武)의 도는 전적(典籍) 안에 다 진술되어 있지만, 지방관들이 이것을 점점 방치만 해 놓고 분명하게 공표를 하지 않음으로써 마침내 폐기된 전적이 되고 말았다. 만일에 이것들을 힘써 선양하고 실행을 한다면 다른 것에 기대하지 않아도 치국의 도는 완비가 될 것이다.

申舊制

朝廷德澤, 牧民者, 多屯而不能宣布. 所謂文武之道, 布在方冊, 但有司寢廢 而不爲申明, 遂爲墜典. 苟求能揭而行之, 則不待他求而治道備矣.

삼강오상(三綱五常) 밝히기

교화를 최우선으로 하고 싶다면 교화를 싫어하고 교화에 위배되는 자를 제거하면 된다. 그러면 선량한 사람들이 많아질 것이다.

　근년에 아들은 아버지를 배반하고, 아내는 그 남편을 떠나가 버리며, 며느리와 시어머니는 서로 밟고 다투며, 형제는 서로 업신여기고 불화(不和)하며, 하인은 주인의 지시를 듣지 않는 등, 모자와 신발이 도치된 것 같은 일이 자주 일어나고 있는데 다들 이렇다.

　무릇 이와 같은 일들은 반드시 찾아와서 고하지 않더라도 마땅히 마을의 우두머리에게 잘 좀 타일러서 늘 그런 문제가 심각한 자들을 적발하여 처리하도록 하고 사람들에게 포고를 한 후 아주 엄하게 판결하도록 하면 그들은 자연스럽게 겁을 먹고 그와 같은 행위를 고치게 될 것이다.

明綱常[1]

欲先敎化, 去其斁敎悖化者[2], 則善類興矣. 近年子叛其父, 妻離其夫, 婦姑勃蹊[3], 昆弟侮間[4], 奴不受主命, 冠屨倒置者, 比比皆然[5]. 凡若此者, 不必其來告, 當風鄕長[6], 恒糾其尤甚者, 諭衆而嚴決之, 則自悚然改行[7]矣.

1 綱常(강상) 삼강(三綱)과 오상(五常). '삼강'은 유교에서 윤리의 근본이 되는 세 가지 벼리로 곧 군신(君臣) 간의 도리를 말하는 군위신강(君爲臣綱), 부자(父子) 간의 도리를 말하는 부위자강(父爲子綱), 부부(夫婦)간의 도리를 말하는 부위부 강(夫爲婦綱)을 이르는 말이다. 그리고 '오상'은 유교에서 말하는 사람이 지켜야 할 다섯 가지 도리, 즉 군신유의(君臣有義), 부자유친(父子有親), 부부유별(夫婦 有別), 장유유서(長幼有序), 붕우유신(朋友有信)을 말한다.

2 去其斁教悖化者(거기역교패화자) 교화를 손상시키고 교화에 위배되는 자를 제거하다. '斁教'는 '교화를 싫어하다'. '悖化'는 '교화에 어긋나다'. * 斁—싫어할 역. 悖—어그러질 패.

3 婦姑勃蹊(부고발혜) 며느리와 시어머니가 다투면서 밟다. 즉 고부(姑婦)가 서로 심하게 싸운다는 의미다. '勃'은 '다투다'. '蹊'는 '밟다, 지나가다'.

4 昆弟侮間(곤제모간) 형제가 서로 업신여기고 이간질을 하다. '昆'은 '형'. '侮'는 '업신여기다'. '間'은 '이간질하다'.

5 比比皆然(비비개연) 자주 일어나는 것 모두가 이러하다. '比比'는 '반복하여, 자 주, 곳곳에'.

6 當風鄕長(당풍향장) 마땅히 마을 우두머리에게 타이르다. '風'은 '諷'과 같은 의 미로 '비유로 깨우쳐 주다'.

7 自悚然改行(자송연개행) 자연스럽게 겁을 먹고 행실을 고치다. '悚然'은 두려워 하는 모양을 형용한다. '改行'은 '행동을 바꾸다, 행실을 고치다'.

학문에 힘쓰기

학교는 풍속 교화의 근간이지만, 속리(俗吏)들은 대부분 이를 소홀히 하고 힘을 쓰지 않는데, 이는 하늘의 질서나 백성들의 법도 같은 모든 다스림의 도(道)가 전부 이 학교에서 나온다는 것을 모르고 있기 때문이다.

여가가 나는 대로 동료들을 인솔하여 강습을 참관하고, 혹시 생도가 아직 구제를 받지 못한 자나, 관부에서 공급해 준 양식이 아직 충분하지 못한 자, 제사의 제품이 아직 완비되지 못한 자, 교육이 아직 미치지 못한 자, 격려와 권유가 두루 미치지 못한 자 등은 모두 돈독함으로 이를 이루어야 한다.

시간이 오래되면 교화의 악기소리와 책 읽는 소리가 일어나고 예의 풍속이 흥기하게 될 것이다.

勉學

學校乃風化之本[1], 俗吏多忽焉不以爲務, 是不知天秩民彝[2], 一切治道, 胥此焉出[3]. 暇則率僚寀[4]以觀講習, 或生徒有未濟, 廩餼[5]有未充, 祭物有未完, 敎養有未至, 激勸有未周, 皆敦篤[6]以成之. 久則弦誦之聲[7]作, 而禮義之俗可興矣.

1 風化之本(풍화지본) 풍속 교화의 뿌리.

2 天秩民彝(천질민이) 하늘의 질서와 백성의 상리(常理). '彝'는 '인륜, 상리(常理),
   상칙(常則)'.

3 胥此焉出(서차언출) 모두 여기에서 나오다. '胥'는 '모두' '焉'은 '여기에서(=於之)'.

4 率僚寀(솔료채) 동료들을 인솔하다. '僚寀'는 '동료 관리'. '寀'는 고대의 '관리'를
   말한다. * 僚—동료 료. 寀—녹봉 채

5 廩餼(늠희) 관부에서 공급한 식량. * 廩—곳집 름. 餼—보낼 희

6 敦篤(돈독) 매우 도탑고 신실하다. * 敦—도타울 돈. 篤—도타울 독.

7 弦誦之聲(현송지성) 거문고 타는 소리와 책 읽는 소리. 즉 학교교육을 가리킨다.

농사 권하기

농민이 근면한지 나태한지, 일 년 동안의 고통과 즐거움은 여기에 달려 있으니, 마땅히 해야 할 일은 권면할 때를 기다릴 것도 없이 시기에 맞춰 다스리면 된다.

하던 일을 그만 두고 폐업한 자를 보게 될 경우 아주 엄하게 꾸짖어서 먼 곳이든 가까운 곳이든 사람들이 그 소식을 듣도록 하면 스스로가 열심히 일을 해야겠다는 것을 반드시 알게 될 것이다.

세상에서 농사를 권면하는 자들을 자주 보건대, 먼저 기일을 정해 알려 주고, 술과 음식을 차려 근교 벌판에서 기다리도록 하면 백성들은 영접을 한다고 분주하게 뛰어다니고, 끊임없이 왔다 갔다 하느라 안녕할 새도 없이 대개 몇날 며칠을 이렇게 소란을 피운다.

시골에 도착하면 서리와 졸개들은 어수선하게 위엄을 부리고 뇌물을 받고 선물을 받으면서 하다못해 닭과 돼지까지도 취하곤 한다. 명분은 권면을 하는 것이라 하지만 그 실제는 백성들을 어지럽히는 것이고, 명분은 걱정을 해주는 것이라 하지만 그 실제는 백성들을 힘들게 하는 것이 된다.

그렇다. 농사를 권면하는 방법은 다른 것이 아니라 그 시기를 빼앗지 않는 것일 뿐이다. 번거로운 문서나 사소한 예절은 마땅히 생략되어야 할 것이다.

勸農

農之勤惰, 一歲之苦樂係焉[1]. 其所當爲, 有不待勸焉者. 時因行治. 視其輟工廢業者, 切責之, 遠近聞之, 必知自勵也. 常見世之勸農者, 先期以告, 鳩酒食[2], 候郊原, 將迎奔走[3], 絡繹無寧[4], 蓋數日騷然也. 至則胥吏童卒[5]雜然而生威, 賂遺徵取下及鷄豚. 名爲勸之, 其實擾之. 名爲優之, 其實勞之. 嗟夫! 勸農之道無他也, 勿奪其時而已矣. 繁文末節[6], 當爲略之.

1 苦樂係焉(고락계언) 고통과 즐거움이 이것에 연결되어 있다. '係'는 '잇다, 걸리다'. '焉'은 '於之'의 축약으로, '여기에'. * 係─걸릴 계

2 鳩酒食(구주식) 술과 음식을 모으다. '鳩'는 '모으다, 차려 놓다'. * 鳩─비둘기 구.

3 將迎奔走(장영분주) 영접을 받들기 위해 분주하다. '將'은 '받들다, 처리하다'.

4 絡繹無寧(낙역무녕) 왕래를 잇달아 하느라 편안함이 없다. '絡繹'은 '왕래가 잇달아 끊이지 않다'.

5 童卒(동졸) 졸개, 심부름꾼.

6 繁文末節(번문말절) 번잡한 문서와 말엽적인 예절.

먼 곳 복종시키기

누군가가 묻기를, "먼 지역의 흉악한 백성들은 시냇가와 동굴에 거처를 정해 놓고 사는데, 아무리 사납게 대해도 그들은 무서워하는 것이 없고 아무리 너그럽게 대해도 그들을 위로할 수가 없다. 즐거울 때는 사람 같지만 노했을 때는 짐승과 같은데 조정의 은혜를 널리 베풀려면 어떻게 하는 것이 좋은가?"라고 하였다.

이에 내가 말했다. "가장 흉악한 것 중에 호랑이와 이리만 한 것이 없다. 그러나 그 녀석들을 좌우·전후로 가도록 하여 내 말을 듣게 할 수 있음은 그들을 제어하는 방법을 얻었기 때문이다.

무릇 강한 것을 이기는 데는 부드러운 것 만 한 것이 없고, 번거로운 것을 다스리는 데는 단순한 것 만 한 것이 없다. 또, 먼 곳의 그들이 따르지 않고 항심(恒心)이 없는 것에는 역시 분명한 이유가 있어서 그러하다.

혹자는 그들의 재산을 탐하고 혹자는 그들이 멸종되었으면 하고 바라고, 혹자는 그들의 자녀를 포로로 잡아 오고, 혹자는 그들의 속리(屬吏)를 살육함으로써 개미가 뭉치고 벌이 모이는 것 같은 형국에까지 이르게 한 것이다. 멋대로 혹독하게 대하면서 그들을 안위하려고 하는 것은 불가능한 일이고, 그들을 죽이려고 하는 것도 할 바가 아니다.

지금, 그들이 기쁜 마음으로 고무되어 우리 지시를 듣도록 하려면 그저 우리는 경계만 엄하게 지키면서 편안한 마음을 가지고 그들과 다투지만 않는다면 머지않아 그들은 스스로가 순복(順服)하게 될 것이다.

하물며 저들 병사는 일단 군사를 일으킨다 해도 영토를 지키는 자가 상부의 명령을 받지 못해 앉아서 보기만 하고 감히 앞으로 나가지 못하고 있고,

쫓아가 습격하라는 허락이 떨어졌을 때는 이미 꿩과 토끼가 도망을 치고 새와 짐승이 흩어지는 것 같음에 있어서랴.

이런 이치에 따라 말하자면, 안정된 상태로 서로 싸우지 않는 것이 상책(上策)이요, 태연한 모습으로 손에 넣고자 하는 것이 없는 것이 그다음이며, 공적을 구하기 위해 일을 만들어 내고 망령되이 변경의 분쟁을 일으키는 것, 이것이 하책(下策)이다."

먼 곳에서 벼슬하는 사람들은 이 점을 거울로 삼아야 할 것이다.

服遠

或問, 「遠方獠民[1], 巢居溪洞, 猛不能讋[2], 寬不能懷, 喜則人, 怒則獸, 欲宣朝廷德澤, 若之何而可?」余曰, 「物之至狠, 無虎狼若也. 然使之左右前後, 惟吾之聽者, 得乎制之之術也. 夫克剛莫若柔, 治繁莫如簡. 且遠之所以反側不恒[3]者, 亦必有由矣. 或貪其財, 或喜其滅, 或俘其子女, 或戮其官屬, 以致蟻結蜂屯, 肆其酷毒, 將安之而不能, 誅之而非所事. 茲欲翕然鼓舞[4]而聽吾使, 或爾但嚴守己界, 恬不與較[5], 久而彼自馴伏矣. 況彼兵一動, 守土者非有上命, 坐視而不敢前, 比許追襲, 則已雉兎逃而禽鳥散矣. 由是而論, 安靜不競者爲上, 恬無所求者次之, 邀功生事, 妄開邊釁[6], 斯爲下矣.」官於遠方者, 尚監於茲.

---

1   獠民(요민) 사나운 민족. 이민족을 가리킨다. 중국 서남 지방에 사는 소수민족을 멸시하여 '獠子'라고 부르기도 한다. '獠'는 '얼굴이 흉악하다, 흉하다'.
    * 獠–밤 사냥 료, 오랑캐 이름 로

2 猛不能讋(맹불능섭) 잔혹함으로도 겁을 줄 수 없다. * 讋—두려워할 섭.

3 反側不恒(반측불항) 따르지 않고 일관성이 없다. '反側'은 '자면서 뒤척이다, 따르지 않다'. '不恒'은 '항심이 없다'.

4 欲翕然鼓舞(욕흡연고무) 기쁜 마음으로 고무되다. '翕然'은 '기쁜 모양'.

5 恬不與較(염불여교) 편안한 마음으로 견주지 않다. '恬'은 '편안하다, 고요하다'. '較'는 '비교하다, 견주다, 다투다'.

6 妄開邊釁(망개변흔) 망령되이 변경의 분쟁을 일으키다. '邊釁'은 '국경에서 이웃나라와 다투는 것'. * 釁—틈 흔.

홀아비와 과부 불쌍히 여기기

홀아비와 과부와 고아와 독거인은, 왕이 나라를 다스리는 정치에서 우선시했던 것으로, 이는 성인도 아주 불쌍하게 여겼던 바이다. 그들이 모여 사는 곳은 시간이 나는 대로 친히 가서 보거나 혹은 사람을 보내 살펴보도록 해야 한다.

예컨대 의복이나 식량 같은 것이라든지 의약품이나 음식물 같은 것을 하급 관리가 제때에 공급하지 않았을 경우에는 적발해서 잘 다스려야 할 것이다.

恤鰥寡

鰥寡孤獨¹, 王政所先, 聖人所深憫. 其聚居之所, 暇則親涖之, 或遣人省視. 若衣糧, 若藥餌², 吏不時給者, 糾治³之.

1 　鰥寡孤獨(환과고독)　홀아비와 과부와 고아와 독거인.
　　* 鰥—홀아비 환. 寡—적을 과. 과부 과. 孤—외로울 고, 고아 고. 獨—홀로 독.
2 　若藥餌(약약이)　예컨대 의약과 음식물 같은. * 餌—먹이 이.
3 　糾治(규치)　적발하여 다스리다. '糾'는 '규찰하다, 감찰하다, 적발하다'.
　　* 糾—얽힐 규.

권세가와 관계 끊기

누군가가 말하기를, "백성들 중에 세력이 강한 자가 있으면 다스릴 수가 없다."라고 하였다. 이는 아마도 탐욕스럽고 사악한 관리 때문에 이런 일이 발생하였을 것이다.

대체로 세력이 강한 자가 감히 자기 마음대로 하는 것은 백성을 다스리는 자가 그렇게 하도록 내버려 두었기 때문이다. 무엇 때문에 그런가? 그들과 교분을 맺고 몰래 왕래를 하고 있기 때문이다.

만일에 그 사사로운 관계를 단절시켜 버리면 목소리와 안색에 감정을 나타내지 않더라도 그들의 간담을 서늘하게 만들어 놓을 수 있다.

≪논어(論語)≫에서 말하기를, "그 몸이 바르면 명령을 하지 않아도 행해진다."라고 하였고, 또 "노하지 않아도 백성들은 도끼보다 더 두려워한다."라고 하였다. 참으로 그러하다.

戢强

或謂,「民有豪强, 則不能致治.」是殆爲貪邪之吏[1]而發也. 夫豪强之所以敢橫者, 由牧民者有以縱之也. 何也? 與之交私故也. 苟絶其私[2], 不動聲色[3], 而使其膽落[4]. 語曰[5],「其身正不令而行.」又曰,「不怒而民威於鈇鉞.」信哉!

1 殆爲貪邪之吏(태위탐사지리) 아마도 탐욕스럽고 사악한 관리 때문이다. '殆'는 '대개, 거의, 아마도'.
2 苟絶其私(구절기사) 만약에 그 사사로움을 끊어 버린다면.
3 不動聲色(부동성색) 목소리와 안색을 움직이지 않다. 감정을 보이지 않다.
4 膽落(담락) 쓸개가 떨어지다. 간담이 서늘하다.
5 본문에서 인용한 글은 ≪논어(論語)≫ 〈자로(子路)〉 편에 나오는 구절이다.

격려하는 모습 보이기

여러 백성들 중에 정표(旌表)가 있거나 학문과 행실이 남달리 뛰어난 자가
있을 때 시간이 나는 대로 가서 진심으로 위로를 해 주면 격려할 일이 반드
시 더 많아질 것이다.

示勸

諸民有旌表[1], 及學行異衆者, 時加存慰[2], 爲勸必多.

---

1 旌表(정표) 정표란 옛날에 선행을 행했거나 미덕이 있는 사람을 표창했던 물건
  을 말한다.
2 存慰(존위) 마음으로 위로하다. 안부를 묻고 위로하다.

사람을 미혹시키는 사당 없애기

사람을 미혹시키는 부정(不正)한 사당을 없애는 일은, 이치를 밝힘이 분명하지 못하고 도리에 대한 믿음이 돈독하지 못한 사람은 할 수 없는 일이며, 자신의 행실이 바르지 못하고 마음 씀씀이가 바르지 못한 사람은 감히 할 수 없는 일이다.

毀淫祠

毀淫祠[1], 非燭理明而信道篤者不能, 非行己端而處心正者不敢.

---

[1] 毀淫祠(훼음사) 음탕한 사당을 허물다. 즉 사람을 미혹시키는 부정(不正)한 사당을 제거한다는 의미다.

옥사獄事를 신중하게 하기
愼獄第六

용서하기

사람이 선량한데 누가 도적이 되기를 원하겠는가? 이는 백성의 장(長)이 된 자가 교육을 시키고 양성을 시키는 일에 실패했기 때문이다. 추위와 기아가 극에 달해서 이와 같은 지경에 이른 것이니 중요한 사실은 어쩔 수 없어서였다는 점이다.

나도 일찍이 몰래 그런 체험을 해 본 적이 있는데, 만약에 부모가 기아와 추위로 허덕이고 있고 아내와 자식이 원망스럽게 쳐다보고 있는데, 징수와 부채는 이리저리 뒤엉키고 홍역은 번갈아 가며 괴롭히고 있을 때, 구사일생으로 살아 있기는 하지만 아침에 저녁을 기대할 수 없는 이런 시점에서, 이익을 보고도 돌아보지 않는 자가 무릇 몇 사람이나 되겠는가?

혹시 이런 이유로 물건을 훔쳤을 경우, 그 사정은 찾아보지도 않고 당장에 모든 법을 적용시켜 곤장을 치고 형틀을 채운다면 그들은 진실로 할 말이 없을 것이다.

그러나 온갖 필요로 했던 물건이 신변에 쌓여 있었더라면 그 누가 부득이해서 그랬다고 소명할 수 있겠는가? 옛 사람이 말하기를, "윗사람이 도를 잃어서 백성들이 흩어진 지가 오래되었다. 만약에 이런 상황을 안다면 불쌍히 여겨야지 기뻐해서는 안 될 일이다."라고 하였다.

그렇다. 사람들이 이런 인식으로 죄수들을 논한다면 아무리 잔혹하게 하려고 해도 차마 그렇게 할 수 없는 경우가 분명히 있을 것이다.

存恕

人之良, 孰願爲盜¹也, 由長民者失於教養, 凍餒之極², 遂至於此, 要非其得已也. 嘗潛體³其然, 使父飢母寒, 妻子慍見⁴, 徵負旁午⁵, 疹疫交攻⁶, 萬死一生, 朝不逮暮⁷, 於斯時也, 見利而不回者, 能幾何人? 其或因而攘竊⁸, 不原其情, 輒置諸理⁹, 嬰笞關木¹⁰, 彼固無辭. 然百需叢身, 孰明其不獲已哉! 古人謂¹¹, 「上失其道, 民散久矣. 如得其情, 則哀矜而勿喜.」嗚呼! 人能以是論囚, 雖欲慘酷, 亦必有所不忍矣.

---

1 孰願爲盜(숙원위도) 누가 도둑이 되기를 원하겠는가?
2 凍餒之極(동뇌지극) 추위와 기아가 극에 달하다. * 凍–얼 동. 餒–먹일 뇌
3 嘗潛體(상잠체) 일찍이 남몰래 체험하다. * 嘗–일찍 상. 潛–자맥질할 잠.
4 慍見(온견) 성을 내며 보다. 원망하다.
5 徵負旁午(징부방오) 징수와 부채가 두루두루 뒤엉키다. '徵負'는 '낼 세금과 갚을 빚'. '旁'은 '두루두루, 이리저리'. '午'는 '가로세로 뒤엉키다'.
6 疹疫交攻(진역교공) 홍역이 교대로 공격하다. 홍역이 번갈아 가며 괴롭히다.
7 朝不逮暮(조불체모) 아침에 저녁을 붙잡지 못하다. 즉 언제 죽을지 모를 지경이라는 의미다. * 逮–미칠 체
8 攘竊(양절) 도둑질을 하다. * 攘–물리칠 양. 竊–훔칠 절.
9 輒置諸理(첩치제리) 곧바로 모든 법률을 적용하다. '輒'은 '늘, 항상, 곧, 바로'. '置'는 '두다, 적용하다'. '理'는 '이치, 법률'.
10 嬰笞關木(영태관목) 볼기를 치고 형구를 채우다. '嬰'은 '두르다, 닿다'. '笞'는 '볼기를 치다'. '關'은 '채우다, 잠그다'.
11 본문의 인용문은 ≪논어(論語)≫의 〈자장(子張)〉편에 나오는 구절이다.

송사(訟事)는 처음 상황을 잘 물을 것

송사(訟事)에서 물어야 할 것은 처음 상황이라는 것, 이는 사람들의 상식적인 말이다.

대개 송사가 처음 발생했을 때는 잘못을 저지른 사람도 말을 꾸밀 틈이 없고, 심문을 하는 사람도 반복해서 익숙해질 틈이 없으므로, 그 실정은 반드시 참되게 되어 있고 쉽게 드러나기 때문에, 위엄으로 임하고 마음을 비운 상태로 추궁을 하면 열개 중에 일곱·여덟은 사실을 얻게 될 것이다.

조금이라도 지나친 관용을 베풀면 장차 그 노고가 처음보다 일백 배나 더 될 것이다. 그래서 간단한 말로도 송사를 판결할 수 있으나, 공자(孔子)는 오직 자로(子路)만을 칭찬하였으니 그 어려움을 가히 알 수가 있을 것이다.

獄詰其初

獄問初情[1], 人之常言也. 蓋獄之初發, 犯者不暇藻飾[2], 問者不暇鍛鍊[3], 其情必眞而易見, 威以臨之, 虛心以詰之, 十得七八矣. 少萌姑息[4], 則其勞將有百倍厥初者. 故片言折獄[5], 聖人惟與乎子路, 其難可知矣.

---

1 獄問初情(옥문초정) 옥사(獄事)는 처음의 사정을 묻는다. 송사(訟事)에서는 처음의 진술이 중요하다는 말이다.
2 不暇藻飾(불가조식) 말을 꾸밀 틈이 없다. '藻飾'은 '문장을 수식하다, 외모를 꾸미다'. * 藻—마름 조, 飾—꾸밀 식

3 不暇鍛鍊(불가단련) 단련할 틈이 없다. '鍛鍊'은 '어떤 일을 여러 번 반복하여 익숙하게 되는 것'을 말하며, 여기서는 무고한 죄명을 씌울 틈이 없음을 말한다.

4 少萌姑息(소맹고식) 약간이라도 지나친 관용을 베풀다. '姑息'은 '지나치게 관용을 베풀다, 제멋대로 하게 두다'.

5 片言折獄(편언절옥) 간단한 말로 송사를 판결하다. '折獄'은 '판결하다, 단옥(斷獄)하다'. 이 말의 출처는 ≪논어(論語)≫ 〈안연(顏淵)〉 편이다. "공자께서는 '한마디 말로 송사를 판결할 수 있는 사람은 아마 유(由)일 것이다.'라고 말씀하셨다. 자로는 승낙한 일을 미루지 않았다(子曰, 片言可以折獄者, 其由也與. 子路無宿諾.)."

범죄를 자세히 밝혀 죄를 판결할 것

옥에 갇힌 죄수에 대해 하급관리가 조서를 다 작성하였다 할지라도 그래도 상세하게 범죄를 조사해서 판결해야 한다.

만약에 혹독한 관리가 무고한 죄명을 씌워 결정된 죄수는, 그를 다시 심의 판결을 한다고 할지라도, 그 죄수는 감히 다른 말을 할 수가 없을 것이다.

반드시 모든 관리나 옥졸들은 물러가게 하고, 온화한 얼굴과 부드러운 기색으로 순수한 마음을 열어 감동을 시키거나, 혹은 성실하고 온후한 옥졸을 시켜 격의 없이 호의를 가지고 묻도록 해야 할 것이다.

만약에 그의 억울함을 알게 되면 곧바로 변명을 할 수 있도록 해 주고 쓸데없이 하급관리의 조서에만 구속되어서는 안 될 것이다.

그렇다. 간사한 관리가 글을 함부로 써서 왜곡을 한다면 무슨 짓인들 못하겠는가.

詳讞[1]

在獄之囚, 吏案雖成, 猶當詳讞也. 若酷吏鍛鍊而成者, 雖讞之, 囚不敢異辭焉. 須盡辟吏卒[2], 和顏易氣[3], 開誠心以感之, 或令忠厚獄卒, 款曲[4]以其情問之. 如得其寃, 立爲辨白, 不可徒拘閣吏文[5]也. 噫! 姦吏舞文[6], 何所不至哉!

1 　詳讞(상얼) 범죄 사실을 자세히 밝혀 죄를 결단하다. * 讞—평의할 얼.

2 　須盡辟吏卒(수진벽리졸) 반드시 모든 관리와 옥졸들을 물러가게 하다.

3 　和顔易氣(화안이기) 온화한 안색과 부드러운 기분.

4 　款曲(관곡) 간절한 마음, 진실한 마음, 격의 없는 마음.

5 　徒拘閼吏文(도구애리문) 부질없이 관리의 조서에만 구속되다. '徒'는 '헛되이, 부질없이'. '拘閼'는 '구속되다, 한정되다'. * 閼—문 잠글 애.

6 　姦吏舞文(간리무문) 간사한 관리가 글을 함부로 쓰다. '舞文'은 '붓을 함부로 놀려서 왜곡된 글을 쓰는 것, 또는 그러한 글'.

검시

옛날 선례에 근거해 볼 때, 검시(檢屍) 문서를 받으면 곧 시간을 정해서 집행을 했는데 이는 사람의 목숨을 귀중하게 생각했기 때문이다.

혹 집행을 하기는 하되 시간이 지난 뒤에 가거나, 시간은 맞추었지만 직접 가지 않았다거나, 직접 가기는 했지만 자세하게 검시를 하지 않았다면, 그 죄는 모두 가볍지 않다.

그 검시하는 방식도 두루두루 참고를 해야 하며 처음으로 벼슬을 하는 자도 몰라서는 안 될 일이다.

視屍

故事[1]承檢屍之牒, 則劃時而行, 重人命也. 其或行焉而後時, 時焉而親涖, 親焉而不精詳, 罪皆不輕也. 其檢之之式, 又當遍考, 筮仕者[2]不可以不知.

---

1 故事(고사) 옛날 선례(先例).
2 筮仕者(서사자) 처음으로 벼슬을 하는 자. '筮'는 '점대로 점을 치다'. 옛날 중국에서 처음으로 임관(任官)할 때 길흉을 점쳤던 일에서 유래한 것. * 筮─점대 서

죄수의 양식

천지의 덕(德)이란 생명을 소중하게 여기는 것을 말하는데, 오늘의 현 조정(朝廷)이 이를 체현하였기 때문에 천하를 얻었다.

옥에 갇혀 있지만 집이 없는 사람에게는 모두 양식을 공급해 주어야 하는데 오직 현(縣)의 감옥에서는 공급을 안 하고 있다. 생각해 보건대, 현(縣)은 통보를 기다리는 일심(一審) 관부가 아니기에, 그 상황만 간략하게 조사하고 바로 주(州)에 보고를 하도록 하고 있기 때문이다.

요즘 주(州)를 다스리는 자를 보면, 왕왕 지방관리에게 속임을 당해, 괜한 트집으로 죄수를 받아 주지 않음으로써 그 죄수가 현(縣) 옥에서 옥사(獄死)하는 일이 생기고 있다.

무릇 죄는 죽음을 당할 것도 아닌데 주(州)를 다스리는 자의 사사로운 잘못으로 사람을 죽이니 그 불인(不仁)함이 너무 심하다. 주(州)와 부(府)를 다스리는 자는 늘 이런 점을 깊이 경계로 삼아야 할 것이다.

囚糧

天地之德曰好生[1], 聖朝體之[2]以有天下. 諸在縲絏[3]無家者, 皆給之糧, 惟縣獄不給也. 意者[4], 縣非待報之官府, 故令略詰其然, 而上之州. 比見爲州者[5], 往往爲吏之所欺, 吹求[6]不受, 以致瘐死[7]於縣獄. 夫罪不至死, 而以己私繆殺之[8], 不仁甚矣. 爲州若府者, 尙深戒之.

1 好生(호생) 생명을 소중하게 여기다. '好'는 '좋아하다, 애호하다'.
2 聖朝體之(성조체지) 당대(當代)의 조정이 이를 체현하다. '聖朝'는 '현 조정'. '體'
   는 '체득하다, 체현하다'.
3 諸在縲紲(제재류설) 모두가 옥에 갇혀 있다. '縲紲'은 원래 '죄인을 묶는 오랏
   줄'을 말하지만, 여기서는 '감옥'.
4 意者(의자) 생각해 보니, 생각해 보건대.
5 比見爲州者(비견위주자) 요즘 주(州)를 위하는 자를 보다. '比'는 '요즘'. '爲州
   者'는 '주(州)를 다스리는 자'.
6 吹求(취구) 꼬치꼬치 들추어내다. 트집을 잡다.
7 致瘐死(치유사) 죄인이 옥중에서 기한(飢寒)으로 죽다. 죄인이 옥중에서 병사
   (病死)하다.
8 以己私繆殺之(이기사무살지) 자기의 사사로운 잘못으로 그를 죽이다. '繆'는
   '잘못하다'. * 繆-얽을 무.

순시를 통해 방비하기

도적을 조사하는 일은 어렵지 않으나 도적을 방비하는 일은 어렵고, 도적을 방비하는 일은 어렵지 않으나 백성들에게 도적이 안 되도록 하는 일은 어렵다.

대개 천하의 일들을 보면, 그럴 조짐이 있기 전에 예방을 하면 여유가 있고, 조짐이 있고 난 뒤에 처리를 하면 어렵고 고생스러울 뿐 아니라 별 도움이 안 된다.

대개 도적이 생기게 되는 것은 항상 예상치도 않던 것에서 시작이 되기에 지혜로운 자는 그리되기 전에 이를 방비한다.

방비를 하는 그 방법은, 즉 귀와 눈을 크게 열고 순찰을 엄격하게 하며, 음주와 도박을 경계하도록 하고 모여서 노는 것을 금지하며, 열흘 혹은 매달 한 번씩 위관(尉官)에게 경내를 순찰토록 하여 그들이 겁을 먹도록 하는 것이다.

도적은 마치 쥐와 같고 위관은 마치 쥐를 잡는 살쾡이와 같아서, 나와 돌아다니는 일에 부지런하면 쥐는 반드시 엎드려 움직이지를 않게 되고, 살쾡이가 나오는 일에 게으르면 쥐는 반드시 번성하게 되어 있다.

위관을 하고 있는 그들에게 있어서, 이미 사건이 터지고 난 후에 고생하는 것보다 미연에 방비하는 것이 어찌 더 낫지 않겠는가?

만약에 백성들이 도적이 되지 않도록 하려면 열심히 일을 해서 부자가 되도록 하는 데 있으니, 열심히 일을 하면 곧 부자가 되고 부자가 되면 곧 예의가 생겨나며, 예의가 생겨나면 떠밀어 도적질을 시킨다 할지라도 반드시 그리 안 하려 할 것이다.

그래서 관자(管子)가 이르기를, "창고가 가득하면 예절을 알고, 의식(衣食)이 풍족하면 영예와 치욕을 안다."라고 하였다. 참으로 멋진 말이다.

巡警

詰盜非難, 而警盜爲難, 警盜非難, 而使民不爲盜尤難. 蓋天下之事, 先其幾爲之[1]則有餘, 後其幾爲之則艱苦而無益. 夫盜之發也, 恒出不虞[2], 知者防於未然. 其防之之術, 則在廣耳目, 嚴巡遲, 戒飮博, 禁游聚, 或旬或月, 卽命尉行境以恐懼之, 夫盜猶鼠也, 尉猶捕鼠之貍[3]也, 勤於出, 鼠必伏而不動[4], 貍怠出則鼠必興矣. 彼爲尉者[5], 與其勞於已然, 孰若警於未發之爲愈[6]? 若夫使民不爲盜, 則又在於勤本以致富. 勤斯富[7], 富斯禮義生. 禮義生, 雖驅之使竊[8], 亦必不肯爲之矣. 故管子謂[9],「倉廩實而知禮節, 衣食足而知榮辱.」諒哉!

---

1 先其幾爲之(선기기위지) 그런 기미가 있기에 앞서 그것을 행하다. 즉 어떤 일이 발생할 조짐이 있기 전에 방비를 한다는 의미다. '幾'는 '기미, 조짐'.
2 恒出不虞(항출불우) 항상 예상치 않음에서 나오다. '虞'는 '예측하다, 짐작하다, 걱정하다'.
3 捕鼠之貍(포서지리) 쥐를 잡는 살쾡이. * 貍—삵 리.
4 伏而不動(복이부동) 복지부동(伏地不動). 땅에 엎드려 움직이지 않다.
5 彼爲尉者(피위위자) 저 위관(尉官)이 된 자.
6 孰若警於未發之爲愈(숙약경어미발지위유) 어찌 미연에 방지하는 것과 같으랴. 즉 미연에 방지하는 것이 훨씬 좋다는 의미다. '孰若'은 '어찌 ~와 같으랴. 어떻게 필적할 수 있겠는가. 도저히 필적할 수 없다.'
7 勤斯富(근사부) 근면하면 곧 부자가 된다. '斯'는 '~하면 곧, 이에, 그래서'.
8 雖驅之使竊(수구지사절) 비록 내몰아서 도적질을 하도록 해도, *驅—몰 구. 竊—훔칠 절.
9 본문에 인용한 말은 ≪관자(管子)≫ 〈목민(牧民)〉 편에 나오는 구절이다.

조사를 해서 잘 살피기

감옥에는 때때로 한번씩 가 보아야 한다. 이는 여러 죄수들을 안정시킬 필요가 있어서 그런 것만이 아니라, 감옥 관리를 하는 병졸이나 하급관리들로 하여금 경계를 하고 두려움을 알도록 할 목적도 있고, 음주·도박·소란이나 도주했다가 다시 감옥으로 돌아오는 자 등이 없도록 하기 위함도 있다. 이 역시 사건이 터지기 전에 방비를 하자는 자그마한 의지이기도 하다. 창고 역시 이렇게 해야 할 것이다.

按視[1]

獄庭時當一至也, 不惟[2]有以安衆囚之必, 亦使司獄卒吏輩[3]知所警畏, 而無飲博喧嘩[4]逸而反獄[5]者, 是亦先事防之之微意也. 倉庫同.

---

1 按視(안시) 조사하여 살핌.
2 不惟(불유) 오직 ~뿐만이 아니다.
3 司獄卒吏輩(사옥졸사배) 옥을 관리하는 병졸과 하급관리들. '司'는 '맡다', '輩'는 '무리, ~들'.
4 飲博喧嘩(음박선화) 음주·도박·소란. '喧嘩'는 '떠들썩하다, 시끌시끌하다'.
5 逸而反獄(일이반옥) 도망갔다가 다시 감옥으로 돌아오다. '逸'은 '달아나다, 도주하다'.

불쌍히 여기기

죽은 친구 단백영(段伯英)은 일찍이 거야(鉅野)의 윤(尹)을 지냈는데, 백성 중에 법을 어겨 형을 당하는 자가 있으면 그때마다 매번 눈물을 흘리매 누군가는 너무 지나치다고 생각하였다.

내가 이 이야기를 듣고 혼자 이런 말을 해 보았다.

"사람이란 반드시 이런 마음을 가져야 하고, 그러고 난 후에 왕정(王政)을 이야기할 수 있는 것이다. 이뿐만 아니라 들어 보지 못했는가? 옛날 사람 중에도 사람을 옥에 가두어 놓고 집에 가서 잠을 이루지 못한 자가 있었다는 것을. 중요한 사실은 모두 양심의 발로라는 점에서 지나친 것이 아니다."

哀矜

亡友段伯英嘗尹鉅野[1], 民有犯法受刑者, 每爲泣下, 或以爲過, 余聞之, 私自語曰, 「人必有是心, 然後可以語王政. 且獨不聞, 古人亦有禁人於獄而不家寢者乎? 要皆良心之所發, 非過也.」

---

[1] 嘗尹鉅野(상윤거야) 일찍이 거야(鉅野)의 윤(尹)을 지내다. '鉅野'는 산동성(山東省) 하택시(菏澤市) 관할에 있는 지역으로, 산동성 서남, 하택시 동부에 위치하고 있다. '尹'은 옛날의 관직 이름이다.

죄수를 마음대로 풀어 주는 것은 옳지 않음

옛사람은 죄수를 풀어 주어 어버이를 찾아보게 하였는데, 기한에 맞추어 감옥으로 돌아오는 자가 아주 많았다. 하지만 중요한 사실은 이것을 법으로 삼아서는 안 된다는 것이다.

　무릇 법이란 천자(天子)의 것이기에, 혹 이를 범하는 자가 있다면 천자의 법을 어긴 것이 된다. 그래서 옛사람이 기한을 주고 그들을 풀어 준 것은 천자의 법을 우롱하고 천자의 소유를 빼앗아서 아랫사람에게 은혜를 파는 것과 거의 같은 것이 아닌가!

　조정에서 그런 방법을 내놓은 경우라면 가능하지만 한 개인의 사사로운 생각에서 그렇게 한 것은 절대 옳지 않다.

非縱囚

古人縱囚省親[1], 如期[2]還獄者甚多, 要不可以爲法也. 夫法者, 天子之所有, 而或犯之, 是犯天子之法也. 而彼乃與期而縱之, 是不幾於弄天子之法, 以掠美市恩[3]於下者乎? 然出於朝廷則可, 出於一己之私則不可.

1　縱囚省親(종수성친)　죄수를 마음대로 풀어 주어 부모를 찾아보게 하다. '省'은 '찾아보다. 부모의 안부를 묻다'.
2　如期(여기)　기한에 따라, 예정대로, 기일 내에. '如'는 '~에 따르다, ~대로 하다'.
3　掠美市恩(략미시은)　남이 이룬 성과를 가로채고 은혜를 사들이다. 즉 천자의 법을 가로채 백성들로부터 은혜를 챙긴다는 의미다. '掠美'는 '남이 이룬 성과를 내 것으로 하다, 남이 세운 공을 가로채다'. '市恩'은 '은혜를 팔다'.

스스로 꾸짖기

백성들에 대한 가르침이 지극하지 못하면 금령을 어기는 자들이 많아지고, 백성들을 먹여 살리는 데 방책이 없으면 병들고 굶주린 자들이 많아지게 된다.

태수나 지방장관을 하는 자가 백성들을 이 지경에까지 이르게 해 놓고도 오로지 그 허물을 백성에게 돌린다면 참으로 곤란한 일이 아닐 수 없다.

自責

教民不至[1], 則犯禁者多, 養民無術, 則病飢者衆. 爲守與牧[2], 而使其至此, 獨歸咎於民[3], 難矣哉!

---

1   教民不至(교민부지) 백성을 가르침에 지극함이 없다.
2   爲守與牧(위수여목) 수(守)와 목(牧)이 되다. '守'는 '태수'나 '군수'와 같은 벼슬을 말하고, '牧'은 '지방장관'을 말한다.
3   獨歸咎於民(독귀구어민) 오로지 허물을 백성에게 돌리다. * 咎-허물 구.

기근 구제하기
救荒第七

메뚜기 잡기

옛날 전례(前例)에 따르건대, 메뚜기가 관할 지역 내에 발생하면 반드시 달려가 상부에 보고를 하고, 조금이라도 경각을 지체하면 그 죄가 가볍지 않았다고 하였다.

그러나 백성의 장(長)이 된 자 역시 반드시 메뚜기의 대소(大小)·과다(寡多)와 피해의 경중(輕重)에 대하여 잘 알아야 한다.

만약에 급히 상부에 보고를 하고 나면, 상부에 있는 자들이 무리를 지어 달려들게 되고 대접을 한다고 이것저것 찾다 보면 경내는 온통 소란이 일어 그 피해는 오히려 메뚜기가 발생한 것보다 더 심하게 될 것이다.

혹 그 메뚜기의 세(勢)가 아직 미미하고 농작물이 아직 어리면 신속하게 사람들의 힘을 모아 이를 도모하면 될 뿐이며, 자그마한 걱정거리로 백성을 크게 어렵게 할 필요는 없는 것이다.

그래서 무릇 벼슬을 하는 사람은 반드시 먼저 책임지는 것에 용감해야 하며, 그런 연후에 성과를 낼 수가 있게 되는 것이다.

捕蝗

故事蝗生境內[1], 必馳聞於上[2], 少淹[3]頃刻, 所坐[4]不輕. 然長民者, 亦須相其小大多寡, 爲害輕重. 若遽然以聞[5], 涖其上者羣集族赴, 供張徵索, 一境騷然, 其害反甚於蝗者. 其或勢微種稚, 則當亟率衆力[6]以圖之, 不必因細虞[7]以來大難於民也. 故凡居官, 必先敢於負荷[8], 而後可以有爲.

1 · 蝗生境内(황생경내) 메뚜기가 경내(境内)에 발생하다. '蝗'은 '누리, 황충, 메뚜기'.

2 馳聞於上(치문어상) 달려가 상부에 보고하다. '聞'은 '알리다, 보고하다'.

3 少淹(소엄) 조금이라도 머무르다. 약간이라도 지체하다. '淹'은 '오랫동안 머무르
다, 장시간 경과하다'.

4 所坐(소좌) 죄를 짓다. '坐'는 '좌죄(坐罪)하다, 문죄(問罪)를 당하다, 처벌을 받다'.

5 若遽然以聞(약거연이문) 만약에 급히 알리다. '遽'는 '갑자기'. '聞'은 '알리다'.

6 亟率衆力(극솔중력) 얼른 사람들의 힘을 모아. '亟'은 '얼른, 빨리'. * 亟―빠를 극.

7 因細虞(인세우) 조그마한 걱정거리로 인하여. '虞'는 '걱정, 염려'.

8 負荷(부하) 짐을 지다. 책임을 지다. * 負―질 부. 荷―연 하, 멜 하.

다방면으로 구제하기

하늘이 사람에게 부(富)와 귀(貴)를 부여한 것은 스스로 부유하게 살도록 하기 위해 그런 것이 아니라, 장차 자신이 가진 것을 양보하여 다른 사람의 부족한 것을 구제하도록 하기 위함이다.

배가 고픈 자에게 먹여 주고 추위로 떠는 자에게 입혀 주는 것, 이것이 곧 하늘이 준 부(富)를 저버리지 않는 것이다. 정직한 자를 천거하고 정직하지 못한 자를 내치는 것, 이것이 곧 하늘이 준 귀(貴)를 저버리지 않는 것이다.

부귀하면서도 이렇게 할 수 있는 자, 그 은혜는 다른 사람에게 미치게 되지만 그 선함은 자기 자신에게 남게 되는 것이니, 명분상으로는 다른 사람에게 은혜를 주었다 하지만 실제로는 자기에게 은혜를 준 것이 된다.

그래서 옛날에 백성과 나라를 가졌던 자는, 혹 불행으로 인하여 흉년이 들거나 요절의 변고를 당한 자가 있으면 그 경중을 살펴본 뒤 반드시 방도를 찾아 잘 처리를 해 주었다.

혹 사재(私財)를 나눠 주기도 하고 혹 나라 창고의 곡식을 나눠 주기도 하였으며, 혹 공사를 맡기기도 하고 혹 산과 연못을 빌려주기도 하였으며, 혹 부채탕감·세금면제·기부 쌀 모음·쌀 저가 판매를 권유하기도 하였고, 혹 백성들의 말에 따라 버리려는 어린애를 거두기도 하였으며, 혹 의원에게 명하여 백성들의 질병을 고치도록 명하여, 무릇 생명을 구할 수 있는 것에는 조금도 지극정성을 다하지 않음이 없었다.

대개 옛사람들은 백성을 자식과 같이 여겼으니, 천하에 자식이 어려움에 처해 있는데 부모가 앉아 보기만 하고 구제를 하지 않았던 이치는 아직 없었다.

그렇다. 무릇 백성을 다스리는 자, 옛사람들의 이런 모습을 본받는다면, 어떻게든 그와 나 사이의 간극은 없어지게 될 것이다.

多方救賑

天所畀人富與貴者, 非欲其自裕, 蓋將使推所有以濟人之不及也. 飢者食之, 寒者衣之, 斯不負天畀之富¹矣. 直者擧之, 枉者錯之², 斯不負天畀之貴矣. 然富貴而能若是者, 其惠在人, 而善則在己, 名爲惠人, 實自惠也. 故古之有民社者³, 或不幸而値凶荒夭札之變⁴, 視其輕重, 必有術以處之. 或私帑⁵之分, 或公廩之發, 或託之工役, 或假以山澤, 或已負蠲征募糴勸糶⁶, 或聽民收其遺稚⁷, 或命醫療其疹疾⁸, 凡可以拯其生者, 靡微不至⁹. 蓋古人視民如子, 天下未有子在難, 而父母坐視不救之理也. 嗚呼! 凡牧民者, 其以古之人爲法, 庶無彼我之間¹⁰哉!

---

1 斯不負天畀之富(사불부천비지부) 이것이 곧 하늘이 준 부(富)를 저버리지 않는 것이다. '負'는 '등지다, 배반하다'. '畀'는 '주다, 부여하다'.

2 枉者錯之(왕자착지) 정직하지 못한 자를 내친다는 의미다.

3 有民社者(유민사자) 백성과 사직(社稷)을 가졌던 자. 즉 나라의 우두머리가 되었던 자를 말한다.

4 値凶荒夭札之變(치흉황요찰지변) 흉년이 들거나 요절의 변고를 당하다. '値'는 '~를 만나다, 때를 맞다'. '凶荒'은 '흉년, 흉작'. '夭札'은 '젊은 나이에 죽음'. '札'은 주로 '편지'라는 뜻으로 많이 사용되지만, 여기서는 '죽다'의 뜻으로 사용되고 있다.

5 私帑(사탕) 개인이 소유하고 있는 재산. '帑'은 '금고, 금은을 넣어두는 곳집'.

6 已負蠲征募糴勸糶(이부견정모적권조) 부채를 그만 중지하고, 세금을 면제하고, 기부 쌀을 모으고, 쌀을 저가로 판매하게 권하다. '負'는 '부채'. '蠲'은 '깨끗하게

하다. '征'은 '세금'. '糴'은 '쌀을 사 들이다'. '糶'는 '쌀을 내다 팔다'.

* 䝙—밝을 견. 糴—쌀 사들일 적. 糶—쌀 내어 팔 조.

7 聽民收其遺稚(청민수기유치) 백성의 말을 듣고 그 버린 아이를 거두어들이다. '遺稚'는 '유기(遺棄)한 아이'. * 稚—어릴 치.

8 疹疾(진질) 고치기 힘든 나쁜 병을 앓음. 또는 그런 사람. * 疹—홍역 진.

9 靡微不至(미미부지) 조금이라도 지극정성을 다하지 않음이 없다. '靡'는 부정하는 말로 '없다'. * 靡—쓰러질 미.

10 庶無彼我之間(서무피아지간) 어떻게든 그와 나 사이의 간극이 없게 되다. '庶'는 '거의, 대체로, 어떻게든'.

예비하기

재앙과 이변이 발생하는 것은 늘 사람이 뜻하지 않던 것에서 생겨난다. 정성으로 평소에 대비한 바가 있으면 비록 심한 재난을 당하더라도 족히 걱정할 것이 없다.

현재 군(郡)에는 대부분 비축해 놓은 곡식이 없고, 비록 있다 해도 상부에 있는 자들이 아주 단단히 봉해 놓았기 때문에 예측할 수 없던 일에 걱정거리가 생겨도 막막해서 손을 쓸 수가 없는 실정이다. 이는 지금 백성을 다스리는 자들이 겪고 있는 보편적인 근심거리다.

그러나 오늘날 소위 접대비용이란 것이 산간벽지의 주(州)나 현(縣)에는 아직 없었는데, 고을 수령들이 사신으로 왕래를 할 때 솔직히 굶주린 배로 지나가는 자는 하나도 없었으니, 그것은 반드시 달리 꾀하는 바가 있었기 때문이라는 의미다.

흉년을 대비한 비축에 대하여 한 사람도 이를 언급한 자는 없었다. 어찌 잘 다스려지고 있는 태평한 시대에 무슨 이런 일이 갑자기 생기겠는가 싶고, 그래서 세월만 가면 다행스럽게 임기를 마치고 떠날 것이니, 더 이상 백성을 위해 먼 훗날 걱정까지 할 것은 없다는 말인가?

일찍이, 근대에 현(縣)을 다스렸던 자의 이야기를 들은 적이 있는데, 백성들에게 순무를 심고 그 뿌리는 빻아 떡을 만들게 했더니, 큰 것은 서너 근이나 되었다고 한다. 말려서 비축을 했다가 뒤에 흉년이 닥쳤을 때 그것을 쪄서 굶주린 백성들에게 먹이니, 그 맛이 달기도 하고 맛있기도 하여 이것으로 목숨을 온전히 할 수 있었던 자가 매우 많았다고 하였다.

무릇 옛사람은 백성들을 걱정하는 그 주도면밀함이 이와 같았는데, 구차하게 다행스러운 교대를 하고자 백성들을 위한 예비를 안 할 수 있었겠는가?

預備

災異之生, 常出於人之所不意. 誠素有其備, 雖甚災不足爲憂也. 今州郡多無委積¹, 雖有之, 而在上者封錮甚嚴, 不測有虞, 茫無所措手². 此厥今牧民者之通患³也. 然今所謂祇應之錢⁴者, 山州僻縣⁵未嘗有之, 而使客⁶往還, 率無枵腹而過者⁷, 意必有以規畫⁸也. 至於備荒之儲, 獨未有及焉者. 豈以治平之時, 何遽有此⁹, 所以因仍歲月¹⁰, 幸滿而去¹¹, 不復爲民遠慮耶? 嘗聞近代爲縣者, 敎民種蔓菁¹², 搗其根¹³以爲餅, 大者三四斤, 乾而儲之. 後値凶年, 蒸以食飢民, 味甘且美, 賴以全活者甚衆. 夫古人慮民之周¹⁴也如此, 其肯苟且幸代, 而不爲民預備哉!

---

1 多無委積(다무위적) 대부분 축적해 놓은 것이 없다. '委積'은 '모으다, 축적하다, 저장하다'.

2 茫無所措手(망무소조수) 막막해서 손을 쓸 바가 없다. '茫'은 '아득하다, 망망하다'. '措'는 '처리하다, 준비하다'.

3 通患(통환) 여러 사람에게 두루 있는 근심.

4 祇應之錢(기응지전) 편안하게 응대하는 데 드는 비용. '祇'는 '편안하다'.

5 山州僻縣(산주벽현) 산간의 주(州)와 벽지(僻地)의 현(縣).

6 使客(사객) 옛날에 명을 받아 다른 지역으로 출장을 갔던 사신을 말한다.

7 率無枵腹而過者(솔무효복이과자) 솔직히 굶주린 배로 지나가는 자는 없다. '枵腹'은 '굶주린 배'. *枵─빌 효. 腹─배 복.

8 規畫(규획) 계획, 기획. * 畫─그을 획

9 何遽有此(하거유차) 어찌 갑자기 이런 일이 있겠는가? * 遽─갑자기 거

10 因仍歲月(인잉세월) 세월을 그대로 좇다. 즉 책임감 없이 세월만 보낸다는 의미다.
11 幸滿而去(행만이거) 다행스럽게 기한을 채우고 떠나다.
12 蔓菁(만청) 만청, 순무. * 蔓—덩굴 만. 菁—우거질 청.
13 搗其根(도기근) 그 뿌리를 빻다. * 搗—찧을 도.
14 慮民之周(여민지주) 백성을 염려하는 그 주도면밀함.

세금을 공평하게 하기

옛날 전례(前例)에 따르면 백성들의 세금은 3년마다 그 빈부(貧富) 정도에 따라 등급을 매겨서 세금을 고르게 하였다.

혹자는 명예를 좋아하여 아직 기한이 되지도 않았는데 조기에 실시하기도 하고, 혹자는 비방을 피하기 위해 기한을 넘기고도 실시하지 않기도 하였는데 모두가 잘못된 것이다.

기한에 맞춰서 이를 실시해야 백성들이 받게 되는 혜택이 적지 않게 된다.

均賦

故事民之稅賦, 三年則第其貧富而均平之. 或好名[1]未及而先爲, 或避謗踰期[2]而不爲, 皆非也. 如期行之[3], 民受賜[4]不淺矣.

---

1 好名(호명) 명예를 좋아하다.
2 避謗踰期(피방유기) 비방을 피하여 기한을 넘기다.
   * 避–피할 피. 謗–헐뜯을 방. 踰–넘을 유.
3 如期行之(여기행지) 예정대로 행하다. '如期'는 '기한대로, 예정대로'.
4 受賜(수사) 혜택을 받다.

기도하기

무릇 기도는 반드시 많은 사람들을 수고롭게 할 필요는 없다. 몸을 재계(齋戒)하고 삼일 동안 집에 머물면서 자기의 허물, 즉 백성에게 억울함이 있는가? 자신이 뇌물을 받은 적이 있는가? 정사(政事)에 아직도 선하지 못한 것이 있는가? 나라에 보답하려는 마음에 아직도 정성되지 못한 것이 있는가? 등등을 생각하도록 한다.

이런 점이 없으면 의식에 따라 행사를 진행하고, 이런 점이 있으면 반드시 개선되기를 기다렸다가 그런 뒤에 기도를 하도록 한다.

무릇 천지를 감동시키고 귀신을 감동시키려면 지극정성이 아니면 불가능한 일이다. 털끝만큼의 작은 악(惡)이라도 제거하지 못하면 신과 사람 사이가 서로 아득하게 멀어질 수밖에 없다.

祈禱

凡有祈禱, 不必勞衆[1]. 齋居[2]三日, 以思己愆, 民有寃歟? 己有贓歟? 政事有未善歟? 報國之心有未誠歟? 無則如儀行事, 有則必俟追改[3]而後禱焉. 夫動天地感鬼神, 非至誠不可. 纖毫之惡[4]未除, 則彼此邈然[5]矣.

---

1 不必勞衆(불필로중) 반드시 많은 사람들을 수고롭게 할 필요는 없다.
2 齋居(재거) 재계(齋戒)하고 집에 머물다. * 齋–재계할 재.
3 必俟追改(필사추개) 반드시 개선되기를 기다리다. * 俟–기다릴 사.
4 纖毫之惡(섬호지악) 가는 털만큼의 악. '纖毫'는 '아주 미세한 것'.
   * 纖–가늘 섬. 毫–털 호.
5 彼此邈然(피차막연) 서로가 아주 멀어지다. '彼此'는 여기서 '신과 사람'을 가리킨다. * 邈–멀 막.

유랑자를 종과 첩으로 삼지 말 것

일찍이 어떤 고위 관리 한 사람을 본 적이 있는데, 흉년에 관할 내의 백성들 자녀를 사들여 거의 십 수 명이나 되었다. 아름답고 건장한 자들은 모두 종과 첩으로 삼고 나머지는 당시 요직 인물에게 뇌물로 주어 은총을 얻고자 하였다.

내가 이 소문을 듣고 못마땅한 얼굴로 말하길, "백성을 고달프게 한 것만 해도 다스림에서 이미 죄를 지었는데, 그런 데다 또 그들을 구제하지도 못하고 오히려 종과 첩으로 삼다니, 법에 죄를 지어도 크게 지은 것 아닌가!"라고 하였다. 이런 연유에서 그 느낌을 적어 후인에게 경계가 되도록 하는 바이다.

不可奴妾流民

嘗見一顯官[1], 於凶年市所部民子女[2], 殆[3]數十餘人, 美且壯者皆奴妾之, 餘將賂時要[4]以希恩寵[5]也. 僕[6]聞而顰蹙[7]曰, 「使其困憊[8], 吾治已得罪矣, 又不能救, 而反奴妾之, 不大獲罪於法耶!」故感而書之, 以戒後者.

---

1 顯官(현관) 고위 관리.
2 市所部民子女(시소부민자녀) 관할하는 곳의 백성 자녀를 사다. '市'는 '사다'. '所部'는 '관할하는 곳, 관할지역'.
3 殆(태) 거의.
4 賂時要(뇌시요) 당시의 요직인물에게 뇌물로 주다. * 賂-뇌물줄 뢰.
5 希恩寵(희은총) 은총을 구하다. '希'는 '바라다, 희망하다'.
6 僕(복) 자신을 낮추어 부르는 말.
7 顰蹙(빈축) 상을 찡그리다, 불쾌한 표정을 짓다.
8 困憊(곤비) 피로하다, 지치다, 고달프다. * 憊-고달플 비.

화재에서 구제하기

민간에서 혹시 화재가 나면 북을 치고 사람들을 모아 직접 현장으로 가서 재난을 구제해야 한다.

측은해 하는 마음은 사람이면 누구나 다 가지고 있는 것이라, 진심으로 고무를 해서 그런 기풍을 만들어 간다면 비록 원수라고 하더라도 머리를 그슬리고 이마를 불에 데더라도 서로 환난 속으로 달려들게 될 것이다.

救焚

民或失火, 則伐鼓¹集衆, 親涖以救之. 惻隱之心, 人共有之, 誠能鼓舞以作其氣, 雖仇人亦將焦頭爛額², 而相趨患難矣.

---

1 伐鼓(벌고) 북을 치다.
2 焦頭爛額(초두란액) 머리를 그슬리고 이마를 데다. * 焦—그을릴 초. 爛—문드러질 란. 額—이마 액

덕을 숭상하기

바람이 반대 방향으로 불어와서 불을 끄고, 호랑이가 물을 건너고, 메뚜기가 경내로 들어오지 않고, 전역(全域)의 물이 되돌아 흘렀던 일, 이런 일들은 곧 백성의 장(長) 된 자의 덕이 어떠한가에 있을 뿐이다. 아마도 이것이 모두 우연이라고 할 수는 없을 것이다.

尙德

反風滅火¹, 虎渡河², 蝗不入境³, 全境之水回流⁴, 此在長民者之德何如爾,
殆不可皆謂之偶然也.

---

1 反風滅火(반풍멸화) 바람이 반대 방향으로 불어와서 불을 끄다. ≪후한서(後漢書)≫ 〈유림전상(儒林傳上)·유곤(劉昆)〉에 따르면, 동한(東漢)의 유곤(劉昆)이 강릉(江陵)의 현령(縣令)으로 있을 때, 해마다 화재가 발생했는데, 유곤이 불을 향해 큰절을 하자 바람이 반대로 불어 불을 끌 수 있었다고 한다.

2 虎渡河(호도하) 호랑이가 물을 건너다. ≪여지기승(輿地紀勝)≫과 ≪명승지(名勝志)≫에 따르면, 홍농(弘農) 지역에는 호랑이가 많아서 행상들이 지나다닐 수가 없었는데, 유곤(劉昆)이 태수가 된 이후부터 어진 교화가 크게 펼쳐지자, 호랑이들이 모두 물을 건너 사라졌다고 한다.

3 蝗不入境(황불입경) 메뚜기들이 경내로 들어오지 못하다. ≪당사연의(唐史演義)≫에 따르면, 동한(東漢) 때 대봉(戴封)이 현령(縣令)이 되어 인정(仁政)을 펼치자, 이웃의 군현(郡縣)에는 메뚜기가 창궐하였지만, 대봉이 관할하는 지역에는 들어오지 않았다고 한다.

4 全境之水回流(전경지수회류) 전 지역의 물이 되돌아 흐르다. ≪한서(漢書)≫ 〈왕존전(王尊傳)〉에 따르면, 왕존(王尊)이 동군(東郡) 태수(太守)로 있을 때, 황하에 홍수가 나서 호자(瓠子) 지역의 제방인 금제(金堤)가 물에 잠기게 되었는데, 왕존이 친히 나가 수신(水神)에게 제사를 지내며 현장을 지켰다. 둑이 터졌을 때 관리와 백성들은 다 도망을 쳤으나, 왕존은 혼자 울면서 꼼짝도 하지 않았더니 물이 점점 물러나 되돌아 흘렀다고 한다.

재난과 이변 보고하기

재난과 이변의 사건은 알리지 않으면 안 된다. 상서로운 일은 보고를 하지 않아도 괜찮다.

上災異

災異之事, 則不可不聞[1]. 祥瑞雖不上, 可也.

---

[1] 不可不聞(불가불문) 보고를 하지 않으면 안 된다. '不可不'은 '~하지 않으면 안 된다. 반드시 ~해야 한다'. '聞'은 '보고하다'.

어른 섬기기
事長第八

각자 분수 지키기

높은 자와 낮은 자에 대한 구분이 정해지면 집안에는 패역(悖逆)하는 아들이 없고 나라에는 반역하는 신하가 없게 된다.

무릇 나라가 망하고 가정이 무너지는 것은 모두 낮은 자 안중에 높은 자가 없고, 높은 자가 낮은 자를 제어하지 못해서 생기게 되는 것이다. 여러 역대(歷代)를 잘 살펴보면 그런 본보기들이 아주 분명하다.

오늘날, 위로는 조정(朝廷)에서부터 아래로는 군읍(郡邑)에 이르기까지 관리들이 배치되어 있기에, 장(長)이 있고 보좌관이 있고 속관(屬官)이 있고 하급관리가 있는데, 이들이 각자 자기 분수에 안분(安分)하며 맡은 일을 잘 수행한다면 천하에 어찌 다스려지지 않는 일이 있겠는가?

오직 잔꾀로 자기만의 사사로운 것을 챙기고 동료의 의리를 배반하며, 협력하고 공경하는 정성이 없고 마음이 이미 화합되지 않으면, 견해가 반드시 다르게 되어 있다.

장관이 보좌관을 대우하는 예의를 잘 모르거나, 보좌관이 장관을 모시는 이치에 어두워 조금이라도 말과 안색으로 드러난다면 피차 서로에게 손해가 된다.

만약에 어떤 일을 예로 놓고 볼 때, 자기 생각대로 해야 옳은데 혹시 견해가 다를 때는 아랫사람이 자기의 의사를 정성스럽게 해서 말은 완곡하게 하고 용모를 겸손하게 하여 윗사람의 마음 문을 열어야 한다. 만약에 그래도 허락을 하지 않으면 그가 퇴근하기를 기다렸다가 집으로 가서 이야기를 하도록 한다. 사람이 목석이 아니므로 생각을 돌리지 않을 리가 없다.

혹시 아랫사람에게 옳지 않은 바가 있을 때는, 윗사람 역시 이와 같이 그를 깨우쳐 주어야 한다. 조금이라도 복종시키려는 모습을 보이면 면전에서는 억지로 순종하는 것처럼 하지만, 돌아가서는 반드시 참지 않고 있다가 날이 가고 달이 오래 가다 보면 마침내 누설을 하고 만다. 그 사람이 장관의 뜻을 거역한 것을 사람들이 보면 헐뜯는 말들이 기회를 틈타 들어오고, 이런 나쁜 말들이 들어오면 송사(訟事)가 반드시 생기게 되고, 그러다 보면 정사(政事)는 무너지고 만다.

일시적인 분함 때문에 동료의 마음을 떠나게 하고 모든 경내(境內) 백성들을 잘 다스리지 못하게 된다면, 그 사람의 좁고 얕은 마음이 어떠한지를 가히 알 수가 있을 것이다.

옛사람은 말하기를, "반드시 인내할 수 있어야 마침내 성공할 수 있다."라고 하였고, 또 "큰일을 이루고 싶다면, 반드시 적으나마 인내함이 있어야 한다."라고 하였으며, 또 "인내는 절대다수의 절묘한 문(門)이다."라고 하였다. 의미 있는 말이다.

各守涯分

尊卑之分定, 則家無逆子, 國無叛臣. 夫國之所以亡, 家之所以敗, 皆由卑不有尊[1], 而尊不能制卑之所致也. 考諸歷代[2], 厥監甚明[3]. 今夫上而朝廷, 下而郡邑, 其設官也, 有長焉, 有貳[4]焉, 有幕屬[5]焉, 有胥吏焉, 各安其分而事其事, 天下安有不治者哉? 惟其小智自私[6], 乖同寅[7]之義, 無協恭之誠, 衷旣不和, 則所見必有不同者. 或長官不知待佐貳之禮也, 或佐貳闇於事長官之道也, 少見辭色[8], 則彼此胥失[9]矣. 若夫事例應爾[10], 而所見或不同, 居下者當誠其意, 婉其辭, 卑其容體[11], 以開其上, 若猶未允, 則俟其退而語之家, 人非木石, 無不回之理. 其或居下者有所不可, 爲長者亦當如是曉之也. 稍有所挾, 雖面强從[12], 退而必有不堪者, 日引月深[13], 終於洩露. 人見其乖忤也, 讒譖之言[14], 乘之而入, 久則訟必興而政事隳矣. 爲一時之忿, 使同僚之心離, 闔境之民[15]不得治, 則其人之褊淺[16]可知矣. 古人有言, 「必有忍乃其有濟[17].」又曰, 「欲成大事, 必須少忍.」又曰, 「忍爲衆妙之門[18].」旨哉!

---

1   由卑不有尊(유비불유존) 낮은 자의 눈에 높은 사람이 보이지 않기 때문이다.

2   考諸歷代(고제역대) 모든 역대를 살펴보건대. 즉 과거 역사를 살펴보면.

3   厥監甚明(궐감심명) 그 거울이 아주 뚜렷하다. 즉 거울로 삼을 모범적인 예가 아주 분명하게 말해 준다는 의미다.

4   貳(이) 부관(副官), 보좌관.

5   幕屬(막속) 속관(屬官).

6   小智自私(소지자사) 조그마한 지혜로 자신만의 이익을 챙기다. '小智'는 '잔재주'. '自私'는 '이기적이다, 자기 것만 챙기다'.

7   乖同寅之義(괴동인지의) 동료의 의리를 배반하다. '乖'는 '어기다, 배반하다'. '同寅'은 '동료'라는 뜻으로, 옛날에 높은 벼슬아치들이 '서로 공경하는 동료'라는 뜻으로 쓰던 말이다.

8   少見辭色(소견사색) 약간 말과 안색에 나타나 보이다.

9   彼此胥失(피차서실) 피차간에 모두가 손해를 보다. '胥'는 '모두'.

10 事例應爾(사례응이) 사례(事例)로 보아 마땅히 이렇게 해야 하다.

11 卑其容體(비기용체) 그 용모와 태도를 낮추다.

12 雖面强從(수면강종) 비록 면전에서는 억지로 따르더라도. '强'은 '억지로'.

13 日引月深(일인월심) 날이 늘어나고 달이 깊어지다. 즉 세월이 간다는 의미다.

14 讒譖之言(참참지언) 헐뜯는 말. * 讒―참소할 참. 譖―참소할 참.

15 闔境之民(합경지민) 온 경내의 백성. '闔'은 '온'.

16 褊淺(편천) 좁고 얕다. 즉 마음이 너무 옹졸하다는 의미다.

17 본문의 인용문은 ≪상서(尙書)≫〈군진(君陳)〉편에서 "인내함이 있으면 그가 마침내 성공을 하게 되고, 포용함이 있으면 그 덕이 위대해질 것이다(有忍其乃有濟, 有容德乃大)."라고 한 표현을 응용한 말이다.

18 본문의 인용문은 남송(南宋)의 여본중(呂本中)이 "참을 인자 한 글자는 모든 경우 절묘한 문이다(忍之一字衆妙之門)."이라고 한 표현을 응용한 말이다.

설령 남이 나를 배반할지라도

설령 남이 나를 배반하더라도, 내가 남을 등지지 않는 일, 이것이 자기를 대우하는 도(道)다. 천하의 모든 선(善)이 반드시 내게서 나갈 필요는 없다는 것, 이것이 남을 대우하는 도(道)다.

능히 이 둘을 행할 수 있다면, 그 도(道)는 괜찮다 할 것이다.

寧人負我

寧人負我[1], 無我負人, 此待己之道也. 天下之善, 不必己出, 此待人之道也. 能行斯二者, 於道其庶幾[2]乎!

---

1 寧人負我(영인부아) 설령 다른 사람이 나를 배반하더라도. '寧'은 '차라리, 설령'. '負'는 '배반하다'.
2 庶幾(서기) 괜찮다. 어지간하다.

환난에 처했을 때

무릇 관직에 있는 자라면 영예와 치욕은 서로 맞물려 돌고, 득(得)과 실(失)은 서로 승패로 교체되며, 성공과 실패는 서로 순환한다는 이치를 마땅히 알아야 한다.

옛날이나 지금이나 영예만 있고 치욕은 없다든지, 득만 있고 실은 없다든지, 성공만 있고 실패는 없다는 이런 이치는 아직까지 없었던 것이다.

비록 천지의 운행이라 할지라도 음양의 조화, 사물의 이치와 사람의 일, 그 어떤 것 하나라도 이렇지 않은 것이 없다.

일을 처리할 때 옳은 이치로 하지 않으면 털끝만 한 작은 은총에도 반드시 의기양양하게 되고, 침 한 방울만 한 치욕에도 반드시 의기소침하게 된다.

그래서 군자는 외부적인 것이 가벼운지 무거운지에 대해서는 아무것도 걱정하지 않고 자기에게 있는 것이 어떤지만 돌아볼 뿐이다.

만일에 욕을 먹을 만한 것이 있으면 비록 질책을 받지 않는다 할지라도 군자는 항상 스스로 결점이라고 생각을 하고, 만일에 욕을 먹을 만한 것이 없으면 비록 사지(死地)에 처해 있다 할지라도 군자는 항상 여유만만하게 생각한다.

자고이래로 대 성인(聖人)과 대 현인(賢人)들을 두루 살펴볼 때, 불행하게도 갑작스러운 화(禍)나 우환(憂患)을 당해도 태연하게 본래 모습을 바꾸지 않았던 것은 이런 이치를 분명하게 알고 있었기 때문일 뿐이다.

만일에 오직 영예로운 것에는 처할 수 있고 치욕에는 처할 수 없다거나, 오직 순조로운 환경에는 편안할 수 있지만 역경에는 하루도 생활할 수 없다고 한다면, 그가 정치를 할 때 여유작작하기를 바란다는 것은 어려운 일이다.

그렇다. 다른 사람을 잘 관찰하고자 하는 사람은 이런 점에서 그를 관찰해야 할 것이다.

處患難

凡在官者, 當知榮與辱相倚伏[1], 得與失相勝負, 成與敗相循環. 古今未有榮而無辱, 得而無失, 成而無敗之理也. 雖天地之運, 陰陽之化, 物理人事, 莫不皆然[2]. 處之不以道, 則纖毫之寵必搖[3], 而一唾之辱必挫[4]矣. 故君子於外物, 輕重皆所不恤[5], 顧其在我者何如爾. 使其有可辱, 雖不加譴[6], 而君子恒以爲不足. 使其無可辱, 雖置之死地, 而君子恒以爲有餘. 歷觀[7]自昔大聖大賢, 不幸橫罹禍患[8], 恬然不易其素[9]者, 灼乎此[10]而已矣. 苟惟能處榮而不能處辱, 惟能安順境而逆境則不能一朝居, 欲望其臨政有餘爲難矣. 嗚呼! 善觀人者, 其於此焉察之.

1　倚伏(의복) 화복과 길흉과 승패 등이 서로 맞물려 돌고 돌다.

2　莫不皆然(막불개연) 모두 이렇지 않은 것이 없다. 모두 다 이렇다.

3　纖毫之寵必搖(섬호지총필요) 털끝만 한 은총에도 반드시 의기양양하다. '纖毫'는 '작은, 보잘 것 없는'. '寵'은 '은총'. '搖'는 '흔들다, 건들거리다, 의기양양하다'.

4　一唾之辱必挫(일타지욕필좌) 침 한 방울만 한 치욕에도 반드시 의기소침하다. '挫'는 '좌절하다, 실패하다'. * 挫―꺾을 좌.

5　輕重皆所不恤(경중개소불휼) 경중에 대해서 아무것도 우려하지 않다. '恤'은 '고려하다, 우려하다'. * 恤―구휼할 휼.

6　雖不加譴(수불가견) 비록 비난이 더해지지 않더라도. 비록 비난을 받지 않더라도. '譴'은 '꾸짖다, 비난하다'. * 譴―꾸짖을 견.

7　歷觀(역관) 두루두루 살펴보다.

8 不幸橫罹禍患(불행횡리화환) 불행하게도 갑자기 화환(禍患)을 당하다. '罹'는 '재난을 당하다, 질병에 걸리다'. * 罹—근심 리.

9 恬然不易其素(염연불역기소) 태연하게 그 바탕을 바꾸지 않다. 태연하게 본래 모습을 바꾸지 않다. '恬然'은 '태연하다, 천연덕스럽다'. '不易'은 '바꾸지 않다'. '素'는 '바탕, 본래모습'. * 恬—편안할 념.

10 灼乎此(작호차) 이것에 밝다. 이런 이치를 명백하게 알다. '灼'은 '명백하다, 분명하다, 환하다'. * 灼—사를 작.

비방 분별하기

옳은 일과 잘못된 일, 비방과 칭찬은 자고이래로 정치를 하는 사람에게 없을 수가 없었던 일이다.

옳은 일은 남에게 돌리고 잘못된 일은 자기에게로 돌리며, 칭찬을 들으면 다른 사람에게로 돌리고 비방을 들으면 자기에게로 돌려야 한다.

장관(長官)이든 부관(副官)이든 할 것 없이 일을 처리할 때는 모두가 이렇게 해야 한다. 선배가 말하기를, "은혜를 자기가 낸 것으로 하고 싶다면, 원망은 장차 누구에게로 돌릴 것인가?"라고 하였다.

그렇다. 이는 참으로 넓고 큰 군자의 말이다.

分謗

是非毀譽, 自古爲政所不能無者. 是則歸人, 非則歸己, 聞譽則歸人, 聞毀則歸己. 無長無貳, 處之皆當如是也. 前輩云, 「恩欲己出, 怨將誰歸¹?」嗚呼! 此眞博大君子之言也.

---

1 개봉(開封)의 부윤(府尹) 범중엄(范仲淹)이 재상이던 여이간(呂夷間)을 탄핵하자, 같은 재상이던 왕증(王曾)은 수수방관만 하였다. 이에 범중엄이 답답하여 왕증에게 "사류(士類)를 표양(表揚)하는 것은 재상의 임무입니다. 그런데 공은 성덕을 가지고 있으면서도 유독 이 점에 대해서는 관심을 보이지 않습니까?(明揚士類, 宰相之任也. 公之盛德, 獨少此耳.)"라고 묻자, 왕증이 웃으면서 "무릇 집권자로서, 은혜는 자기에게로 돌리고 싶어하고, 원망은 누구에게 돌리려 하는가?(夫執政者, 恩欲歸己, 怨使歸誰?)"라고 하였다.

예의로 다른 사람보다 낮아지기

무릇 다른 사람에게 자신을 낮출 수 있는 자는 그 뜻이 반드시 높고, 그가 이루고자 하는 것은 반드시 원대하다 할 것이다.

옛날에 어느 군(郡)에 새로 부임한 군수가 있었는데, 생각이 좁고 오만하여 아랫사람에게 큰 예로 대하지 않고 항상 아전(衙前)에게 명하여 뜰아래 늘어서서 절을 하도록 하였다.

어느 현명한 아전 한 명이 있었는데, 처음에는 질병으로 인하여 휴가를 얻어 있다가 병이 완쾌되자 뜰에서 절하는 것에 참여를 해야 했다.

이날은 마침 큰비가 내렸는데, 군수는 뜰아래 우산을 펴고 띠 자리를 깔아 그곳에서 아전들이 절을 하도록 명령을 하자 그 아전은 태연하게 의용(儀容)을 바꾸지 않고, 일어났다 엎드렸다 하는 동작을 오로지 공손하게 하였다.

식견이 있는 자는 그가 훗날 반드시 재상이 될 것이라는 것을 알았는데, 뒤에 과연 그렇게 되었다.

以禮下人

夫能下人者[1], 其志必高, 其所至必遠. 昔某郡有新守, 褊鷙[2]不大禮其下, 常令掾屬[3]羅拜於庭下. 有一賢掾, 初以疾在告, 疾愈當庭參, 是日偶大雨, 守命張傘布茅[4]於庭下, 使掾拜焉, 掾恬然不動容[5], 興伏惟謹. 識者知其他日必爲宰相也, 後果然.

1 能下人者(능하인자) 다른 사람에게 낮출 수 있는 자.

2 褊驁(편오) 마음이 좁고 오만하다. '褊'은 '도량이 좁다, 성급하다'. '驁'는 '오만
   하다, 깔보다, 말이 사나워지다'. * 褊—좁을 편. 驁—준마 오.

3 掾屬(연속) 아전(衙前). '掾'은 '아전, 하급관리'. '屬'은 '벼슬아치, 하급관리'.

4 張傘布茅(장산포모) 우산을 펴고 띠 자리를 깔다.

5 恬然不動容(염연부동용) 태연하게 의용(儀容)을 바꾸지 않고.

자기를 단속하는 규율로 남을 단속하지 말기

동료 관리에게 잘못이 있더라도 정사에 해를 끼치는 지경까지 이르지 않았다면 마땅히 포용해 주어야 한다.

　대저 자신을 단속함에는 엄격하고 다른 사람을 대함에는 마땅히 너그러워야 한다. 반드시 다른 사람들이 자기와 같았으면 하지만 천하에 결코 이런 이치는 없다.

不可以律己之律律人

同官有過, 不至害政, 宜爲包容. 大抵律己當嚴, 待人當恕, 必欲人人同己, 天下必無是理也.

교대자 영접하기
受代第九

교외로 나가 교대자 영접하기

임무를 교체할 사람이 온다는 소식을 들으면 자신이 머물고 있던 곳을 피해 주고 교외로 나가서 그를 영접해야 한다.

그 사람이 자기를 대신하게 되었다 하여 그를 미워하거나 박정하게 대하거나, 이전의 정사에 관한 내용을 알려 주지 않는 일은 없어야 한다.

무릇 천하의 선행이란 그 사람에게 있는 것이나 나에게 있는 것이나 같은 것이요, 다른 사람에게 선한 일을 행하도록 권하는 것은 곧 자기가 선한 일을 행하는 것이다.

어찌 오직 자기가 선한 일을 하는 것만 허용하고, 다른 사람이 선한 일을 하는 것은 원하지 않을 수 있겠는가?

郊迎新代

聞代者來, 則避所居而郊迎[1]之. 不可以其代己也, 而疾之, 而薄之, 而不以舊政[2]告之也. 大抵天下之善, 在彼猶在此, 勸人爲善, 卽己之爲善也. 詎[3]可惟許己爲善, 而不願他人爲善哉?

---

1 郊迎(교영) 교외에서 맞이함. 즉 손님 등을 교외나 성문 밖에 나가서 맞이한다는 말이다.
2 舊政(구정) 이전의 정치. 즉 지금까지 대대로 나라를 다스려 왔던 방법을 말한다.
3 詎(거) 어찌. * 詎-어찌 거

마무리 잘하기

정치를 하는 사람이 시작하는 것은 어렵지 않게 하지만, 마무리를 잘하는 것은 어렵다.

처음에는 대단히 날카롭게 하다가 중간쯤 가서는 풀어지고, 끝에 가서는 그만둬 버리는 것이 사람들의 일반적인 실정이다.

끝마무리는 시작 때처럼 신중하게 해야 하는 것이기에, 군자는 이렇게 일컬었던 것이다.

克終

爲政者不難於始, 而難於克終也. 初焉則銳, 中焉則緩, 末焉則廢者, 人之情也. 愼終如始[1], 故君子稱焉.

---

[1] 愼終如始(신종여시) 끝을 처음처럼 신중하게 하다. 이 말은 ≪노자(老子)≫ 제64장에서 "마무리를 처음처럼 신중하게 하면 실패하는 일이 없다(愼終如始, 則無敗事)."라고 한 말을 인용한 것이다.

다투지 않기

일찍이 세간에서 임무를 교체하는 자들을 보니, 대부분 다투는 경우가 많았
는데, 그 핵심은 전부 구관(舊官)의 마음이 넓지 못한 소치였다.

  자기가 살던 곳에 자리를 잡고 다른 곳으로 옮겨가지 않는 경우도 있었
고, 혹은 밭을 독점하고 나눠 주지 않기도 하였고, 혹은 공적인 물건을 숨겨
놓고 빠짐없이 인수인계를 안 해 줌으로써, 신임에게 마음속 불평이 있어도
호소할 곳이 없도록 하였는데, 이렇게 하는 것은 절대로 사군자(士君子)가
뒷마무리를 하는 옳은 도리가 아니다.

  무릇 이익은 의(義)나 세(勢)와 함께 할 수 없는 것으로, 의(義)를 가까이
하면 이익이 멀어지고 이익을 가까이 하면 의(義)가 멀어지게 되어 있다.

  하물며 백성의 스승이요 통솔자가 된 사람이 오로지 이익에만 힘을 쓰게
되면 원망을 불러 모으고 경멸함을 받게 될 것이니, 이는 시정(市井)의 소인
배와 비교해 봐도 그들만 못한 것이다.

  그래서 군자는 정사(政事)에 종사할 때, 차라리 공정하게 하여 가난했으
면 가난했지, 사사로운 이익을 챙겨 부자로 살지는 않았으며, 차라리 양보를
하여 자기가 손해를 보았으면 보았지, 다투어서 다른 사람에게 손해를 끼치
지는 않았던 것이다.

不競

嘗見世之交代者, 多有所爭, 要皆舊官不廣之所致. 或據其居而不徙[1], 或
專其田而不分, 或匿其公物, 不盡以相授, 使新者懷不平而無所訴, 甚非士

君子善後之道²也. 夫利之與義勢不竝處, 義親³則利疏, 利近則義遠. 況爲民師帥⁴, 而專務於利, 其聚怨納侮⁵, 視市井小人⁶不若也. 故君子之從政也, 寧公而貧, 不私而富, 寧讓而損己, 不競而損人.

---

1 據其居而不徙(거기거이불사) 그 거처를 차지하고 이사를 하지 않다. '據'는 '차지하다, 점거하다'. '徙'는 '이사하다'. * 據–의거할 거. 徙–옮길 사.

2 善後之道(선후지도) 뒤처리를 잘하는 도리.

3 義親(의친) 의(義)를 가까이 하다. '親'은 '가까이 하다'.

4 爲民師帥(위민사수) 백성의 스승이요 장수가 되다. '帥'는 '장수, 통솔자, 인솔자, 지도자'.

5 聚怨納侮(취원납모) 원망을 모으고 업신여김을 받아들이다. 즉 원망을 듣고 경멸을 당한다는 의미다. * 侮–업신여길 모

6 視市井小人(시시정소인) 시정(市井)의 소인들과 비교하다. '視'는 '견주다, 비교하다'.

자기 자랑하지 않기

교체할 신임이 아직 도착하지도 않았는데 백성들에게 분부하여 비석을 세워 자신의 공덕을 칭송하도록 하고, 부잣집과 연결을 해서 송별을 하도록 하고, 금전과 포백(布帛)을 모아 노잣돈으로 쓰려고 하고, 새롭게 사당을 지어 영원한 명성을 도모하고자 하는 것, 이런 것들은 다 사군자(士君子)가 할 일이 결코 아니다.

　무릇 좋은 일을 해 놓고도 사람들에게 알려지기를 구하지 않음이 최고 멋진 것이요, 사람들에게 알려졌지만 자신은 그것을 선행이라 여기지 않음이 그다음이요, 떠들썩하게 자기가 나서서 스스로를 자랑하며, 오로지 헛된 명예만을 소중하게 여기는 이런 작풍은 제일 못난 것이다.

不可自鬻

代之未至也, 風民立石[1]以頌德, 結綺門[2]以祖行[3], 鳩錢帛[4]以佐路費, 建生祠以圖不朽之名, 皆非士君子之事也. 蓋爲善不求人知者爲上, 知而不自有其善者次之, 呶呶焉[5]自媒自鬻[6], 惟崇虛譽[7]者, 風斯在下矣.

1　風民立石(풍민입석)　백성들에게 돌을 세우라고 분부하다. '風'은 '가르치다, 분부하다'.
2　結綺門(결기문)　부잣집과 결탁하다. '綺門'은 '훌륭하게 장식해 놓은 문, 부잣집'.
3　祖行(조행)　조도(祖道), 송별하다.

4 鳩錢帛(구전백) 금전과 포백(布帛)을 모으다. '鳩'는 '모으다'. '帛'은 '비단'.
  * 鳩—비둘기 구. 帛—비단 백.
5 呶呶焉(노노언) 떠들썩하게 계속 지껄이는 모양을 말한다.
6 自媒自鬻(자매자죽) 스스로 중매를 서고, 스스로 자랑을 하다. '鬻'은 '죽, 자랑하다'.
7 崇虛譽(숭허예) 헛된 명예를 숭상하다.

이전의 정사(政事) 알려 주기

근대에 동원(東原)의 오만경(吳曼慶)이 어느 지역의 헌장(憲長)이 되었는데, 이미 교체가 되었음에도 새로 부임한 자에게 간곡하게 알려 주기를, "어떠어떠한 일은 아직 좀 완성이 되지 않았고, 어느 어느 옥사(獄事)는 이미 조서는 다 갖추었지만 아직 해결이 되지 않았고, 어떤 사건은 이러이러한 점이 의심이 되고, 어느 어느 사람은 이러이러한 재능이 있으니 임용을 해도 좋다."라고 하였다.

한 개 관서의 정사(政事)도 털과 실처럼 자세하게 분석해 주었으니, 이는 오직 그 사람이 모를까 봐 걱정이 되어서요, 알았다 하더라도 그것을 남김없이 다 처리하지 못할까 봐 걱정이 되어 그랬던 것이다.

그렇다. 오늘날 벼슬을 하는 자는, 그 직책에 있으면서도 오히려 마음을 쓰지 않으려고 하는데, 하물며 임무를 마치고 교체되어 떠나가 버린 사람에게 감히 이처럼 하라고 강요할 수 있겠는가?

告以舊政

近代東原吳曼慶爲某所憲長, 旣代, 諄諄告上者曰, 「某事有少許未完[1], 某獄已具而未決, 某按有如是可疑, 某人有許能可用.」 一部之政, 毫分縷析, 惟恐其不知, 知之惟恐其不盡. 嗚呼! 今之仕者, 方其在職, 尙不肯用心, 況已代去, 而敢責其如是哉!

---

1 少許未完(소허미완) 약간 완성을 하지 못하다. '少許'는 '소량, 얼마간, 약간'.

임무를 마치고 떠날 때

그 사람이 정사(政事)를 담당했을 때 백성들은 은덕과 혜택을 입었고, 송사(訟事)는 깨끗하게 해결되고 도적은 사라졌으며, 권세를 가지고 횡포를 부리던 사람들은 사라지거나 기가 꺾이고, 동료들은 기쁜 마음으로 복종을 하게 되었다면, 퇴임하고 떠나는 날 비록 해진 수레에 야윈 말을 타고 행낭은 초라할지라도 그 즐거움은 일만 금(金)을 얻고 일천 대의 네 마리 말이 끄는 수레를 받은 것에 그치지 않을 것이다.

선배들 중에는 외지 지방관에서 승진하여 조정의 집정관(執政官)에 이른 자도 있는데, 백성들을 구제한 그 공을 논함에 있어서는 모두가 현령(縣令)으로 있을 때보다 크게 미치지 못한다고 스스로 인정하였다.

그렇다. 은택이 만물에 미치기를 원하는 그런 뜻을 가진 자는, 주현(州縣)을 가볍게 여겨 현령(縣令)을 지내는 일은 가치 없는 일이라고 생각하지 말라.

完歸

其在政也, 民被德澤, 訟淸盜息, 豪强消沮, 同僚悅服, 則去之之日, 雖弊車羸馬, 行橐蕭然, 其樂有不翅[1]萬金獲而千駟受者. 前輩由外官而至執政者, 論濟人之功, 皆自以爲不及爲縣遠甚. 嗚呼! 有志及物者, 其勿薄州縣而不屑爲也.

I 翅(시) 날개. 여기서는 '다만'의 뜻으로 사용되었다.

조용히 살아가기
閑居第十

진퇴(進退)를 가볍게 여기기

사군자(士君子)가 벼슬을 하게 되었을 때, 임무를 맡으면 책임이 있게 되고, 책임이 있으면 곧 근심이 있게 된다.

하나의 현(縣)을 책임진 자는 하나의 현(縣)에 대한 근심을 가지고, 하나의 주(州)를 책임진 자는 하나의 주(州)에 대한 근심을 가지며, 하나의 노(老)와 천하를 책임진 자는 하나의 노(老)와 천하에 대한 근심을 가지게 된다. 무릇 중요한 것을 맡으면 그 책임도 무겁고 책임이 무거우면 곧 근심도 깊어진다.

옛사람들이 세 번 읍(揖)하고 나아가고, 한 번 읍하고 물러났던 것은 이유가 있어서 그랬던 것이다. 설령 요(堯)·순(舜)·우(禹)·탕(湯)·문(文)·무(武)가 군주가 되었고, 고(皐)·기(夔)·직(稷)·설(契)·이(伊)·부(傅)·주(周)·소(召)가 신하가 되었을지라도, 그들 역시 그 책임을 걱정하지 않은 적이 없었으며, 그러면서 그 지위를 즐겼던 것이다. 만약에 그 직위를 즐거움으로 삼는 자라면 그 직위를 소홀히 하는 자가 될 것이다.

그렇다. 대 성인(聖人)과 대 현인(賢人)은 그 맡은 바에 어려움을 느끼지도 않았고, 더구나 틈을 내어 한가롭게 지내지도 않음이 이와 같았는데, 나의 재능은 성현에 훨씬 미치지도 못함에도 도리어 그 직위를 즐거움으로 삼고 퇴임하고 떠나감을 어찌 중히 여길 수 있겠는가?

輕去就

士之仕也, 有其任斯有其責, 有其責斯有其憂. 任一縣之責者則憂一縣, 任一州之責者, 則憂一州, 任一路之責, 天下之責者, 則一路與天下爲憂也. 蓋任重則責重, 責重則憂深. 古之人所以三揖而進, 一揖而退²者, 有以也. 雖堯、舜、禹、湯、文、武³之爲君, 皐、夔、稷、契、伊、傅、周、召⁴之爲臣, 固未嘗不⁵憂其責而以位爲樂也. 若以位爲樂者, 苟其位者也. 嗚呼! 大聖大賢, 宜不難於其所任, 猶且不自暇逸⁶如此, 吾才遠不逮聖賢⁷, 顧可樂其位而重其去⁸也哉!

---

1 路(노) 노. 송원(宋元) 시대의 행정구역. 지금의 성(省)에 해당한다.
2 三揖而進, 一揖而退(삼읍이진, 일읍이퇴) 세 번 읍(揖)하고 나아가고, 한 번 읍하고 물러나다. '揖'은 '읍하다'는 말로, 이는 공수(拱手)한 손을 얼굴 앞으로 들고, 허리를 앞으로 공손히 구부렸다 펴면서 손을 내리는 인사를 말한다. ≪예기(禮記)≫의 〈표기(表記)〉 편에 나오는 공자의 말에, "군주를 섬기는데, 나아가서 벼슬하는 것은 어렵고 벼슬을 사퇴하기는 쉬운 것은 지위에 질서가 있어서며, 나아가기는 쉽고 물러가기가 어려운 것은 어지러운 것이다. 그래서 군자는 세 번 읍을 하고 나아가고, 한 번 사양을 하고 물러가니, 이것은 난을 멀리하는 것이다.(事君, 難進而易退, 則位有序, 易進而難退, 則亂也. 故君子三揖而進, 一辭而退, 以遠亂也.)"라는 말이 있다.
3 堯舜禹湯文武(요순우탕문무) 고대의 성군으로, 당요(唐堯)·우순(虞舜)·하우(夏禹)·상탕(商湯)·주문왕(周文王)·주무왕(周武王)을 말한다.
4 皐夔稷契伊傅周召(고기직설이부주소) 고대의 현신(賢臣)으로, 우순(虞舜) 때의 고요(皐陶)·기(夔), 하우(夏禹) 때의 직(稷)·설(契), 은상(殷商) 때의 이윤(伊尹)·부열(傅說), 주(周) 때의 주공(周公)·소공(召公)을 말한다.
5 未嘗不(미상불) ~하지 않음이 없다. 확실히.
6 暇逸(가일) 무사하고 한가롭다.
7 遠不逮聖賢(원불체성현) 훨씬 성현에 미치지 못하다.
8 重其去(중기거) 그 떠남을 중시하다.

정사에서 물러날 때

옛사람들은 관직을 그만두고 사직을 하게 되는 것을 무거운 짐을 벗고 속박에서 벗어나는 것으로 생각하였다. 일찍이 이 점에 대해 생각해 보았는데 정말로 이치에 맞는 말이었다.

이제 벼슬을 하게 되었으면 출입을 엄격하게 하고, 일상생활을 신중하게 하며, 얼굴 한 번 찡그리는 것, 웃음 한 번 웃는 것 역시 다른 사람에게 감히 가볍게 가식적으로 해서는 안 된다.

무릇 몸 하나가 모든 사람의 사표가 되기 때문에 조금이라도 법규에 어긋나면 비방이 사방에서 들려오게 될 것이니, 예를 든다면 높은 옥상에서 유별나게 걸어갈 때 머리부터 발끝까지 아래에 있는 자들에게 다 보이게 되는 것과 같다는 말이다.

어느 날 교대할 사람이 당도하게 되고, 자신은 임무를 완료하고 떠나게 된다면, 어찌 무거운 짐을 벗고 속박에서 벗어나는 것에 그칠 뿐이겠는가!

일찍이 벼슬을 하다가 쉬고 있는 자들을 보니, 왕왕 즐거움도 없이 아들이나 조카에게 당부를 하거나 혹은 친구에게 부탁을 하여 간사한 짓을 하고 송사(訟事)를 만들기도 하면서 정사에 간여하지 않는 일이 없었다.

조금이라도 자기에게 거슬리는 사람이 있으면, "떠난 관리도 현재 관리와 같다."라는 말을 한다. 새로 부임한 자로 하여금 법 집행을 못하도록 방해하고 명령이 느슨해지도록 한다. 거절을 하거나 받아들이는 것도 용인하기 어렵게 하여, 교란과 저지와 배척과 저촉 등 온갖 일을 다 만들어 낸다. 서민들은 무엇을 잘 모르기 때문에 역시 따라서 부화뇌동하게 된다.

만약에 자기 자신이 정사(政事)를 처음 시작하게 되었을 때 다른 사람이 이런 식으로 계속 방해를 한다면 마땅히 어떻게 해야 할 것인가? 마음을 넓게 해서 이런 점을 생각해 본다면 반드시 이런 행위가 참으로 증오스러운 것이라는 것을 스스로 알게 될 것이다.

致政

古人以休官致政¹, 爲釋重負而脫羈囚², 切嘗思之³, 誠有是理. 方其仕也, 嚴出入而愼起居, 一嚬一笑, 亦不敢以輕假⁴人. 蓋一身而爲衆師表, 少踰規矩⁵, 謗議四聞, 譬之特行於高屋之上, 自頂至踵⁶, 在下者無不見之也. 一朝⁷代至, 完身而去, 詎止⁸如釋重負脫羈囚而已⁹哉! 嘗見仕而休居者, 往往不喜, 或命子姪, 或託朋友, 市奸搆訟¹⁰, 靡政不及. 小有所違, 則曰,「去官同見任¹¹.」使新上者, 法格令弛¹². 拒納難容, 而撓沮排觝¹³, 爲狀百端¹⁴. 細民¹⁵無知, 亦從而靡¹⁶. 設使¹⁷己政之初, 人以是薦擾, 當若何? 推心體之¹⁸, 必自知其可惡矣.

---

1 休官致政(휴관치정) 벼슬을 그만두고 사직을 하다.
2 釋重負而脫羈囚(석중부이탈기수) 무거운 부담에서 석방되고, 구속에서 벗어나다. '羈囚'는 '가두다, 구금하다, 억류하다'.
3 切嘗思之(절상사지) 삼가 일찍이 이를 생각해 보다. '切'은 '삼가다, 깊이 생각하다'.
4 輕假(경가) 가볍게 하거나 가식적으로 하다.
5 少踰規矩(소유규구) 조금이라도 규율을 넘어서다. '踰'는 '넘다, 어기다'. '規矩'는 원래는 '목수가 사용하는 컴퍼스·자·수평기·먹줄을 통틀어 이르는 말'이지만, '규율, 표준, 법칙'의 의미로 사용된다. * 踰―넘을 유. 規―법 규. 矩―곱자 구.
6 自頂至踵(자정지종) 두상부터 발꿈치까지. * 踵―발꿈치 종.

7   一朝(일조)   어느 날 아침, 어느 날.

8   詎止(거지)   어찌 ~에만 그치겠는가? * 詎-어찌 거.

9   而己(이이)   ~일 뿐이다.

10 市奸搆訟(시간구송)   간사함을 사고팔며 송사(訟事)를 만들어 내다. * 搆-이해 못할 구, 끌 구.

11 見任(현임)   현임(現任). * 見-나타날 현(=現).

12 法格令弛(법격령이)   법이 막히고 명령이 느슨하다.

13 撓沮排觗(요저배저)   교란과 저지와 배척과 저촉. * 撓-어지러울 뇨, 沮-막을 저, 排-밀칠 배, 觗-닿을 저.

14 爲狀百端(위상백단)   양상이 여러 가지다.

15 細民(세민)   서민, 빈민.

16 從而靡(종이미)   따라서 쓰러지다. 즉 남을 따라 부화뇌동한다는 말이다.

17 設使(설사)   만일에.

18 推心體之(추심체지)   마음을 밀어 그것을 체득해 보다. 즉 마음을 넓게 해서 그런 점을 생각해 보다. '體'는 '남의 입장이 되어서 생각하다, 알아주다'는 의미다.

나아가든 물러나든 할 일을 하기

벼슬길에 나가서는 편안하게 거하면서 그 뜻을 행하고, 물러나서는 편안하게 거하며 아직 능하지 못한 것을 수양한다면, 나아가서도 할 일이 있고 물러나서도 역시 할 일이 있게 될 것이다.

근대 사대들은 오직 벼슬길에 나가는 것에만 습관이 되어 있어서 물러나면 아둔하게도 무엇을 도모할 줄을 모른다. 심한 경우에는 부끄럽다는 생각을 가지고 위축된 마음에 감히 한 번도 문밖을 나오지 않는다.

무릇 옛사람들은 관직을 무의식중에 갑자기 오는 것이라 여겼기에, 그런 일이 있다고 무엇을 얻었고 그런 일이 없다고 무슨 손해를 보았겠는가? 참으로 좋고 귀한 것이 나에게 있다고 생각은 하지 않고, 오로지 사물의 경중에만 의거한다면, 그 사람의 보잘 것 없는 인품은 논할 것도 없이 미루어 짐작이 가능할 것이다.

進退皆有爲

進則安居以行其志, 退則安居以修其所未能, 則是進亦有爲, 退亦有爲也. 近世士大夫, 惟狃於進[1], 退則惛然[2]無所猷爲[3]. 甚而茹愧懷慙[4], 蹙縮[5]不敢一出戶. 夫軒冕[6]古人以爲儻來之物[7]也, 其有也何所加, 其無也何所損. 不思良貴在我, 惟假[8]於物以爲重輕焉, 則其人品之卑下, 不待論而可知矣.

1 惟狃於進(유뉴어진) 오직 나아가는 것에만 습관이 되어 있다. * 狃–친입할 뉴.
2 惛然(혼연) 어리숙하게, 아둔하게.
3 無所猷爲(무소유위) 꾀하는 바가 없다. * 猷–꾀할 유.
4 茹愧懷慙(여괴회참) 부끄러움을 가지고 부끄러움을 마음에 품다. * 茹–먹을 여.
   愧–부끄러울 괴 慙–부끄러울 참.
5 蹙縮(축축) 수축하다, 오그라들다. * 蹙–대지를 축. 縮–줄일 축.
6 軒冕(헌면) 관직. 예전에는 높은 관리가 타던 초헌과 머리에 쓰는 관을 이르던
   말이다. '귀족, 고관대작, 사대부의 수레와 옷'이란 뜻으로도 쓰인다.
7 儻來之物(당래지물) 갑자기 오게 되는 것. * 儻–빼어날 당.
8 惟假(유가) 오직 ~에만 의탁하여.

의(義)로 운명에 대처하기

세상의 실패와 성공, 출사(出仕)와 물러남은 모두 운명에 기초하고 있기 때문에 운명적으로 실패할 자는 아무리 쓰러질 정도로 노력하면서 벼슬을 추구해도 실패를 하고, 운명적으로 성공할 자는 멀리 피해 있고 깊이 숨어 있어도 역시 벼슬에서 물러날 수가 없다는 말이다. 이는 별을 보고 점을 치는 자나 술수를 잘 꾸미는 사람들이 평소에 하는 말이지, 군자가 숭상해야 할 말은 아니다.

군자는 의(義)로써 운명에 대처하고, 운명을 가지고 의(義)를 손상시키지 않는다. 벼슬에 나아갈 수 있으면 나아가고 물러날 수 있으면 물러나는 것이기에, 나는 이것을 운명이라 말하지 않는다. 즐거우면 행하고 걱정되면 피하는 일을 가지고 내 어찌 운명이라 말할 수 있겠는가?

저들처럼 부귀와 영달에 빠져서 물러나지를 못하고 있는 자들은 왕왕 운명을 핑계로 스스로를 속이고 있으니, 이치로 보면 거의 재앙의 조짐에 가까워지고 있는데도 마침내는 깨닫지를 못하고 있으니, 참으로 슬픈 일이다.

以義處命

世俗以窮達進退[1]皆本夫命, 謂命之窮者, 雖竭蹶求進[2]而亦窮, 命之達者, 雖遠逝深藏而亦不能退. 此星翁術士[3]之常談, 非君子所尙也. 君子則以義處命, 而不以命害義, 可以進則進, 可以退則退, 吾不謂命也. 樂則行之, 憂則違之, 吾豈謂命哉? 彼淪胥[4]富貴利達之境而不能出者, 則往往託命以自誣, 宜乎[5]接武[6]禍機[7]而卒不能悟. 悲夫!

1   窮達進退(궁달진퇴) 실패와 성공, 벼슬길에 나아감과 물러남.

2   竭蹶求進(갈궐구진) 힘을 다해 넘어지면서까지 나아가기를 추구하다. 즉 진력을 다해 벼슬길에 나아가고자 노력한다는 말이다.

3   星翁術士(성옹술사) 점성사와 술사(術士).

4   淪胥(윤서) 빠지다.

5   宜乎(의호) 이치로 보아 그렇게 되어야 옳다.

6   武(무) 반보(半步), 발걸음.

7   禍機(화기) 아직 드러나지 않고는 있지만, 재앙이 일어날 만한 중요한 기미.

자신에게서 벼슬 구하기

사군자(士君子)는 마땅히 출사(出仕)의 방법을 자기에게서 찾아야지 다른 사람에게서 구해서는 안 된다.

소위 출사(出仕)하는 방법을 자기에게서 찾는다 함은, 도업(道業)과 학술에 정통하면 그만이라는 것이고, 소위 다른 사람에게서 출사의 길을 구한다 함은 부귀영달의 꽃만 피우면 그만이라는 의미다.

무릇 부귀영달은 하늘에 속한 것이라 구할 수 있는 것이 아니요, 도업과 학술은 나에게 속한 것이라 반드시 구해야 하는 것이다. 더구나 옛사람들은 부귀영달을 마음의 중심으로 삼지 않았으니, 그들이 벼슬을 따랐던 이유는 그 벼슬을 빌려 도를 행할 수 있었기 때문이다.

도가 실행되지 않는데 부귀영달을 누리는 것에 대해 옛사람들은 이를 수치로 여기고 영광으로 여기지 않았던 것이다.

그렇다. 진실로 임금에게 아낌없이 충성하고 백성들에게 은택을 입히고자 하는 자가 아니라면 그 누가 능히 이렇게 할 수 있겠는가?

求進於己

士當求進於己, 而不可求進於人也. 所謂求進於己者, 道業[1]學術之精是己, 所謂求進於人者, 富貴利達之榮是己. 蓋富貴利達在天而不可求, 道業學術在我而不可不求也. 況古之人, 不以富貴利達爲心也, 其所以從仕者, 宜假此[2]以行道也. 道不行而富貴利達者. 古人以爲恥, 而不以爲榮. 嗚呼! 非誠有致君[3]澤民之心者, 其孰能與於此.

1   道業(도업) 도를 닦는 일.
2   假此(가차) 이것에 의거하여.
3   致君(치군) 몸을 아끼지 않고 임금에게 충성을 하다.

꿋꿋한 절개

명예와 절조가 사람에게 있으면 황금과 비단이 아니라도 부자요, 고관대작이 아니라도 귀한 것이다. 사군자(士君子)에게 명예와 절조가 없는 것은 마치 여자에게 정절이 없는 것과 같아서 어떠한 능욕에도 굴종하지 않고 아무리 좋은 것에도 빌붙지 않는다.

설령 다른 좋은 것이 있다 할지라도 역시 속죄를 하기에는 부족한 것이다. 그래서 선배가 말하기를, "벼슬과 작록(爵祿)은 얻기가 쉽지만, 명예와 절조는 보전하기가 힘들다."라고 하였다.

벼슬과 작록은 혹여 잃게 되더라도 때가 되면 다시 얻을 수 있지만 명예와 절조는 한 번 손상이 되면 평생토록 회복할 수가 없는 것이다.

그렇다. 사군자(士君子)로서 한가하게 거하는 자 중에 능히 이 말을 마음에 잘 새긴다면, 아마도 절조를 바꾸어 세력의 중심으로 달려 나가지는 않을 것이다.

風節[1]

名節[2]之於人, 不金幣而富, 不軒冕[3]而貴. 士無名節, 猶女不貞, 則何暴不從, 何美不附. 雖有他美, 亦不足贖也. 故前輩謂, 爵祿易得, 名節難保. 爵祿或失, 有時而再來, 名節一虧, 終身不復矣. 嗚呼, 士而居閑者, 能以此言銘其心, 庶不易所守而趨勢要[4]哉!

1　風節(풍절)　꿋꿋한 절개, 불굴의 기개.
2　名節(명절)　명예와 절조.
3　軒冕(헌면)　귀족, 고관대작.
4　趨勢要(추세요)　세력이 있는 사람에게로 달려가다. '勢要'는 '권세 있고 요직에 있는 사람, 세력, 대세와 관건.

풍헌충고 風憲忠告

스스로 단속하기

사군자(士君子)로서 자신을 단속함에 진실로 엄격하지 않으면 안 된다. 그러나 관리로서의 직책을 가진 자는 당연히 사군자보다 더 엄격해야 하며, 임금께 진언(進言)하는 책임을 가진 자는 또 마땅히 관리 직책을 가진 사람보다 더 엄격해야 한다.

대개 법을 집행하는 신하는 간사한 것을 규찰하고 나쁜 것은 바로잡으며, 조정의 내외를 가지런히 하고 기강을 바로 잡아야 하는데, 스스로 단속함이 엄격하지 못하면 어찌 여러 사람들을 신복시킬 수 있겠는가?

소위 엄격하다 함은 마치 처녀가 집안에서 생활할 때 걷는 동작 하나, 멈추는 동작 하나, 말을 할 때, 안 할 때를 잘 알아서 반드시 예법에 맞게 해야 그 인품이 온전한 것과 같은 것이다. 반걸음이라도 어긋남이 있으면 사람들이 그것을 알아채고 헐뜯게 되기 때문이다.

함부로 권력과 세력에 의지하여 오직 자기 사익만 챙기거나 혹은 교묘한 방법으로 이자놀이를 한다든가, 혹은 소금과 철을 훔친다든가, 혹은 음주에 탐닉한다든가, 혹은 친족을 임용한다든가, 혹은 시도 때도 없이 사냥을 한다든가, 혹은 절제도 없이 잔치를 열고 놀이를 한다든가, 혹은 몰래 관리(官吏)의 일을 부탁한다든가, 혹은 망령되이 급하지도 않은 일을 벌인다든가, 혹은 관저는 비워 놓고 살지도 않는다든가, 혹은 집안사람들을 마음대로 풀어 놓고 단속은 않는다든가 등등에 있어서, 이 중 하나라도 있게 되면, 모두가 풍헌(風憲)의 근심거리가 되기에 충분할 것이다.

근년에 남북에서는 부유한 백성들이 대부분 집을 지어 권세 있고 요직에 있는 자들이 살도록 해 주고 있는데, 자기의 사리(私利)를 더하기 위해서다.

이미 관사(官舍)가 있으면 그런 저택에서 살 필요가 없는 것이다.

대저 국가에서 중대(中臺)로 하여금 정사를 엄정하게 하도록 하고, 어사(御使)로 하여금 감찰을 잘하도록 하고, 헌사(憲司)로 하여금 가서 조사를 잘하도록 한 것은 간사하고 탐욕스러운 관리를 규찰하고, 혼란스러운 소요 상태를 그치게 하고, 흉금을 털어놓도록 함으로써 관할의 부하들이 본받을 바를 알도록 하기 위함이다.

오늘날, 이와 같이 한다면 백성을 다스리는 관리(官吏)들은 장차 무엇을 본받을 것인가? 또, 다른 사람에게 죄가 있을 경우 가벼우면 우리가 그들을 붙들어 말로 다스리지만, 더욱 중대하면 우리가 임금께 보고를 해서 그를 죽이게 된다. 우리 자신이 범한 것은 누가 적발을 할 것인가? 다른 사람이 감히 적발하지 못한다는 것을 믿고 날마다 부정이 심해진다면 장차 관서(官署)와 같은 곳의 감찰은 어떻게 할 것이며 장차 천리(天理)는 어떻게 할 것인가?

그래서 내가 이러한 상황들을 상세하게 기록함은, 헌사(憲司) 직을 맡고 있는 자들로 하여금 허물이 있으면 이를 고치고 없으면 더욱 자중해야 할 이유를 알도록 하기 위함이다.

自律第一

士而律身, 固不可以不嚴也. 然有官守[1]者, 則當嚴於士焉, 有言責[2]者, 又當嚴於有官守者焉. 蓋執法之臣, 將以糾姦繩惡[3], 以肅中外, 以正紀綱, 自律不嚴, 何以服衆? 夫所謂嚴, 如處子之居室, 一行一止, 一語一默, 必語禮法, 厥德乃全. 跬步有違[4], 則人人得而訾[5]之. 苟挾權怙勢[6], 惟殖己私, 或巧規子錢⁷, 或盜行鹽鐵, 或荒躭麴糵⁸, 或私用親屬, 或田獵不時, 或宴遊無度, 或潛托有司⁹之事, 或妄興不急之工, 或曠官第¹⁰而弗居, 或縱家人而不檢, 於斯數者而有一焉, 皆足爲風憲¹¹之累. 近年南北富民, 多起宅¹²以居勢要¹³, 因濟己私. 旣有官舍, 則不必居於彼矣. 夫國家以中臺爲肅政, 以御史爲監察, 以憲司¹⁴爲廉訪者, 欲以糾姦貪, 戢侵擾¹⁵, 開誠布公¹⁶, 俾¹⁷所屬知所法也. 今而若是, 牧民之吏, 將焉法哉? 且他人有犯, 輕則吾得而言之, 又重吾得聞於上而僇之. 己之所犯, 其孰得而發¹⁸哉? 恃人不敢發, 日甚一日, 將如臺察¹⁹何? 將如天理何? 故余備載其然, 俾爲憲司者, 有則改之, 無則益知所以自重.

---

1 官守(관수) 관리로서의 직책.
2 言責(언책) 군주에게 신하가 진언하는 책임.
3 糾姦繩惡(규간승악) 간사한 것을 적발하고 악한 것을 바로잡다.
4 跬步有違(규보유위) 반보만큼이라도 어긋남이 있으면, *跬–반걸음 규
5 訾(자) 헐뜯다. *訾–헐뜯을 자.
6 挾權怙勢(협권호세) 권력을 믿고 세력을 의지하다. *挾–낄 협. 怙–믿을 호.
7 子錢(자전) 돈을 새끼 치다. 즉 빌린 금전에 대하여 일정한 비율로 무는 돈을 말한다.
8 麴糵(곡얼) 술.
9 有司(유사) 관리, 벼슬아치.
10 曠官第(광관제) 관저를 비워 두다. '曠'은 '비워 두다'. '官第'는 '관저(官邸)'.
11 風憲(풍헌) 어사(御史)가 모든 관리(官吏)들을 규탄하는 것을 맡았던 직책. 관리의 치적이나 관리의 공무집행을 바로잡는 직책이었기에 '風憲'이란 말로 어사를 칭하였다.

12 起宅(기택) 집을 짓다.
13 勢要(세요) 권세 있고 요직에 있는 사람.
14 憲司(헌사) 송 대(宋代) 때의 관명(官名).
15 戢侵擾(집침요) 남의 영토를 침노하여 일으킨 소요를 그치게 하다. * 戢-그칠 집
    擾-어지러울 요.
16 開誠布公(개성포공) 흉금을 털어놓다.
17 俾(비) ～하도록 하다. ～을 시키다.
18 孰得而發(숙득이발) 누가 책임지고 적발할 것인가?
19 臺察(대찰) 관서(官署) 감찰. '臺'는 '조정(朝廷), 관서(官署)'.

보여 주며 가르치기

대단히 중요한 일이다. 사람을 가르치지 않으면 안 된다는 사실 말이다. 성인(聖人)처럼 태어나도 오히려 도와서 타이르고 도와서 가르치곤 하는데, 하물며 성인(聖人)의 만분의 일에도 미칠 수 없는 자에게 어찌 소홀히 하고 힘쓰지 않을 수 있겠는가?

대체로 보통 사람들의 심리는 자기가 따라야 할 것에 복종하고 자기가 두려워하는 것을 믿는다. 그래서 옳지 않은 자가 아무리 귀를 끌어당기며 면전에서 호령을 해도 그 양심을 움직이기에는 부족한 것이다. 왜 그런가? 평소에 복종하고 평소에 두려워하던 자가 아니기 때문이다.

오늘날 여러 관직들 중에 많은 사람들이 두려워하고 복종하는 것으로 풍헌(風憲)만 한 것이 없다. 만일 감찰을 하러 어떤 곳에 갔을 때 혹 감찰을 시작하는 날 관할 부하들을 모아 놓고 이렇게 격려하여 말할 것이다.

"여러분들의 관직 중, 가장 중요한 자리는 조정(朝廷)에서 내려 준 것이요, 그 아래는 성(省)에서 내려 준 것이요, 또 그 아래는 이부(吏部)에서 내려 준 것이다. 대소(大小)에는 비록 차이가 있지만 나라의 신하 아닌 자가 없다.

신하된 자가 간사한 짓을 하고 더러운 일을 하고 법을 어긴다면 어떤 사람이 그대들을 용서하겠는가? 무릇 뇌물을 받고 사사로운 이익을 챙긴다면 얻는 것은 심히 적을 것이요 잃는 것은 대단히 많을 것이니, 사건이 터지고 나서 여러분을 처벌하는 것보다 일이 터지기 전에 가르치는 것이 어찌 더 낫지 않겠는가? 오늘 내 말이 비록 여러분들에게 박정한 말로 들릴지 모르지만 사실은 여러분들을 후대하는 것이고, 비록 여러분들을 상하게 하는 것 같지만 실은 여러분들에게 은혜를 베푸는 것이다."

만일에 이와 같이 그들을 깨우쳐 준다면, 나는 잘 알고 있다. 그들이 물러가서 반드시 도덕을 지키고 행실을 고칠 것이며 흉악하던 모습을 바꾸고 선량함을 따르는 자들이 될 것임을. 그리고 형벌을 가지고 잘 다스리기에는 부족하며, 그들을 가르쳐서 범죄를 저지르지 못하도록 하는 것, 다스리는 방법 중에 이보다 더 나은 것은 없다. 그래서 성인(聖人)은 "가르치지도 않고 사람을 죽이는 것을 일러 학살이라 한다."라고 하였던 것이다.

또 듣기로, 아직 일어나지 않은 일을 다스리기는 쉽지만 이미 일어난 일을 다스리기는 어렵다고 하였다. 근년에 유백선(劉伯宣)이 절서(浙西)의 헌사(憲使)로 있으면서 진서산(眞西山)이 편찬한 《수령사잠(守令四箴)》이라는 책에 주석을 달아 소속 부하들에게 널리 퍼뜨려 알리고 또 말하기를, "근년에 풍기(風氣)를 관장하는 자들이 오직 형벌로만 사람을 다룰 줄 알았지 선(善)으로 사람을 깨우칠 줄은 모른다."라고 하였다.

그렇다. 유공(劉公)의 이 말은 가히 인인군자(仁人君子)다운 말로, 여기서 풍헌(風憲)의 본질을 깊이 터득할 수가 있다.

示教第二

甚矣, 人之不可無敎也! 生如聖人, 猶胥訓告, 胥敎誨, 況不能聖人萬一者, 可忽焉而不務哉? 大抵常人之情, 服其所遵, 而信其所畏. 非是者, 雖耳提面命[1], 則亦不足以發其良心. 何則? 非所素服素畏者故也. 今夫庶司之職, 爲衆所畏服者, 莫如風憲. 誠[2]因監涖於彼, 或始之日, 會所屬而勗之[3]曰, 「彼之官, 重者廷授, 次者省授, 又次則吏部授. 大小雖殊, 無非國家臣子. 爲人臣子, 姦汚不法, 人孰汝容? 夫納賄營私, 所得甚少, 所喪甚多, 與其事敗治汝,[4] 曷若先事而教之[5]爲愈哉? 吾之此言, 雖曰薄汝,[6] 實厚汝也, 雖若毒汝, 實恩汝也.」苟能如是論之, 吾知退而必有率德改行,[7] 易凶惡爲善良者矣. 且刑罰不足致治, 教之而使不犯, 爲治之道莫尚[8]焉. 聖人謂「不教而殺謂之虐」. 又聞治於未然者易, 治於已然者難. 近年劉伯宣[9]爲浙西憲使, 疏眞西山[10]『守令四箴』, 播告所屬, 且曰, 「近年執憲者, 惟知成人以刑, 而不知誨人以善.」嗚呼! 劉公此言, 可謂仁人君子, 深得風憲之體者矣.

1　耳提面命(이제면명) 귀를 끌어당기며 면전에서 명령을 내리다.
2　誠(성) 만약에.
3　會所屬而勗之(회소속이욱지) 소속된 자들을 모아 놓고 격려하다. '勗'은 '격려하다'. * 勗─힘쓸 욱.
4　事敗治汝(사패치여) 일이 망쳐지고 나서 너를 다스리다.
5　先事而教之(선사이교지) 사건에 앞서 가르치다.
6　薄汝(박녀) 너에게 박정하다.
7　率德改行(솔덕개행) 도덕을 따르고 잘못된 행실을 고치다.
8　莫尚(막상) ～보다 그 위의 것이 없다. 더 좋은 것이 없다.
9　劉伯宣(유백선) 유백선의 이름은 사의(事義)로, 절서(折西)의 헌사(憲使)를 역임하였다. 장양호(張養浩)의 ≪귀전유고(歸田遺稿)≫에 그의 〈제남 유씨 선생 비명(濟南劉氏先生碑銘)〉이 수록되어 있다.
10　眞西山(진서산) 송 대(宋代) 때의 진덕수(眞德秀)를 가리키는데, 그는 1178년에 태어나 1235년에 사망하였다. 그의 자(字)는 경원(景元)으로, 학자들은 그를 서산선생(西山先生)이라고 불렀다.

자문 구하러 찾아가기

오늘날 정사(政事)를 행하는 자들은 왕왕 먼저 들었던 말을 주장으로 삼는다. 그것은 어느 한쪽 편의 말에 습관이 되어서가 아니라, 대개 상하 간의 실제 사정이 서로 소통되지 못한 까닭이다. 따라서 그 사정에 대해 잘 소통하는 것이 마음을 다해 자문을 구하러 찾아가는 것보다 더 좋은 것은 없다.

작게는 하나의 현(縣), 하나의 주(州), 크게는 하나의 군(郡), 하나의 나라에 이르기까지 어느 하급관리가 탐심이 강하고 사악한지, 어느 벼슬아치가 청렴하고 정직한지, 어떤 일이 백성들을 병들게 하는지, 어떤 정치가 백성들을 이롭게 해 주는지, 그리고 힘 있고 횡포 심한 자가 있는지 없는지, 풍속은 넉넉한지 각박한지, 이런 점들을 두루두루 알고 있다가 훗날 종합적인 핵실(覈實)을 자세히 더 보태고 또 사실에 따라 검증을 하게 되면 그 누가 숨길 수 있겠는가?

참으로 청렴한 사람이라면 예의를 다해 그를 우대해 주고 그를 추천해 주고 그를 등용시켜 주면 선한 자들이 더 격려를 받을 것이다. 참으로 탐욕스러운 사람이라면 비록 최고의 관직에 있는 지위 높은 자라 할지라도 그를 경멸하고 위엄으로 거부하고 그를 규탄하면, 악한 일을 하는 자들이 경계를 삼을 것이다. 나아가 사군자(士君子)를 대하고 관리(官吏)들을 대함에 있어서도 역시 그래야만 할 것이다.

무릇 하나의 도리(道理)를 책임진다는 것은 한 가정을 맡아 책임지는 것과 같은 것이다. 그 집을 잘 다스리는 자는 그 자제나 가족은 물론이고 그 아래 종에 이르기까지 그 성정(性情)이 좋을지 나쁠지, 미루어 모든 것을 짐작할 수가 있는 것이다. 하나라도 혹 미치지 못함이 있으면 장차 달갑게 희롱거리가 될 것이고 그러고도 깨닫지를 못할 것이다.

시간이 오래되면 분명히 옳은 것과 그른 것이 전도되어 아첨하는 자가 충신처럼 되고, 탐욕 많은 자가 청렴한 사람처럼 되고, 무능한 자가 유능한 자처럼 되어 정부의 명령은 제대로 실행되지 않고 기강은 시들해지고 말 것이다.

선배가 말하기를, 재상이 되는 것 어려울 것 없으니 하나인 마음을 똑바로 하고 두 개인 눈을 밝게 가지면 족하다고 하였다.

그렇다. 풍헌(風憲)을 다스리는 자 그 막중한 책임이 어떻게 재상보다 가볍다 하겠는가! 선배의 말을 본받는 것이 어떠하겠는가?

詢訪第三

今爲政者, 往往以先入之言爲主. 非彼狙徇[1]一偏, 蓋由不通上下之情故也. 故通其情, 莫如悉心詢訪[2]. 小而一縣一州, 大而一郡一國, 吏孰貪邪, 官孰廉正, 何事病衆, 何政利民, 及豪橫有無, 風俗厚薄, 旣得其凡, 他日詳加綜覈[3], 復驗以事, 其孰得而隱哉? 苟廉矣, 卽優之禮貌, 薦之擧之, 則善者勸[4]矣. 苟貪矣, 雖極品之貴[5], 卽蔑之, 威拒之, 糾劾[6]之, 則爲惡者懲矣. 推而至於待士遇吏, 亦莫不然. 大抵一道之任, 猶一家之務焉. 善爲家者, 其子弟族屬, 下逮奴隸, 其情性良否, 皆所當知. 一或不及, 則將甘爲所弄而不悟. 久而必致是非顚倒, 以佞爲忠, 以貪爲廉, 以無能爲有能, 政令不行, 而紀綱替矣. 前輩有云, 爲宰相不難, 一心正兩眼明足矣. 嗚呼! 彼長風憲者, 其責任之重, 亦豈下夫宰相哉! 若之何[7]不以前輩之言爲法.

1 狃徇(뉴순) 치우친 것에 습관이 되다. * 狃─친압할 뉴. 徇─주창할 순.

2 悉心詢訪(실심순방) 마음을 다해 찾아가 자문을 구하다.

3 綜覈(종핵) 종합적인 핵실(覈實). * 覈─핵실할 핵

4 善者勸(선자권) 선한 자가 격려를 받다. '勸'은 '격려하다, 장려하다, 권면하다'.

5 極品之貴(극품지귀) 극품(極品)의 높은 지위. '極品'은 '최상품, 일등품, 최고의 관직'.

6 糾劾(규핵) 규탄하다. * 糾─꼴 규. 劾─캐물을 핵

7 若之何(약지하) 어찌, 어떻게, 어떠한가?

순행(巡行)

군사가(軍事家)가 말하기를, 계책이 많은 자가 계책이 적은 자를 이기고 계책이 적은 자가 계책이 없는 자를 이긴다고 하였다. 단지 용병에서만 그런 것이 아니다. 벼슬에 임해서도 정사(政事)에 임해서도 이와 같지 않은 것이 없다.

무릇 염사(廉司)가 부임하는 곳이면 그 지방관리들이 모두 두려워서 스스로 불안해 할 것이다. 불안한 이유는 그들이 악을 저지른 세월이 오래되어 다른 사람이 이를 들춰내 어느 날 고소를 할까 걱정이 되기 때문이다. 그들은 이미 그 나쁜 짓을 안으로 은폐해 놓고 반드시 사관(司官)과 친한 사람을 다방면으로 찾아내어 해결을 하려고 할 것이다.

무릇 사관(司官)과 친한 자로 말하자면 서리(書吏)요, 주차(奏差)요, 총령(總領)이요, 기후(祗侯)라 할 것이다. 무릇 다른 사람을 위해서 개인의 죄를 임시로 꾸며 맞춰 준다면, 다른 사람에게 요구를 한들 무엇을 얻어낼 수 있을 것이며 청구를 한들 무슨 목적을 달성할 수 있겠는가?

사관(司官)이 된 자가 만약에 방비와 예비를 철저히 하지 않고 금지와 단절을 엄하게 하지 않아서 만에 하나 자기하고 연루가 된다면 후회한들 무엇을 이루겠는가!

만일에 사관(司官)이 청렴하고 정직하다면 아직까지는 어쩌면 그런대로 괜찮다 할 것이다. 만약에 피차가 서로 다 탐욕을 가진다면 부정행위는 장차 어떻게 해결할 것인가?

그래서 백성의 재산을 가렴(苛斂)하는 자가 있게 되고, 약탈을 하여 재어 놓는 자가 있고, 상자를 채우는 자가 있고, 쌀 주머니를 가득 채우는 자가 있으니, 그 지역에서 나는 좋은 것은 모두 착취하지 않는 것이 없다.

옛날 단주(端州) 지방에 아름다운 벼루가 생산되었는데, 포효숙(包孝肅) 공이 이곳에 지방관(地方官)으로 있다가 임무 교대를 할 때 빈손으로 돌아왔다. 이급(李及)이 항주(杭州)에 지주(知州)로 있을 때 한 오라기의 실낱만한 뇌물도 대문에 미치지 못하게 하였고, 백락천문집(白樂天文集)을 사 가지고 돌아온 것을 평생토록 유감으로 생각하였다.

옛사람들은 자신의 청렴을 이와 같이 지켰는데 하물며 풍헌(風憲)에 있어서랴. 그가 순행(巡行)하던 주(州)와 군(郡)에서 어찌 감히 미미한 물건 때문에 스스로를 더럽힐 수 있겠는가?

무릇 장관(長官)을 감찰하는 자가 직무에 적합한 자면 사관(司官)이 감히 마음대로 하지 못하고, 사관(司官)이 직무에 적합한 사람이면 서리(書吏)가 감히 마음대로 하지 못하게 되어 있다.

그러나 듣자하니 각 도(道)에서는 공식적인 연회 자리에 사관(司官)과 서리(書吏)와 주차(奏差)가 한자리에 같이 앉아 시끄럽게 웃고 농담을 하면서 상하 구분이 없었다고 하는데, 이것이 곧 감찰관을 마음대로 조종하고 아무것도 두려워하지 않게 되는 이유인 것이다.

속담에 이르기를, 염방사(廉訪司)는 곧 서리(書吏)의 규범이라고 하였는데, 이런 점에서 볼 때 참으로 빈말이 아니다.

만약에 법을 만들어 그들을 금지시키고, 위엄으로 그들을 대하면서, 조금이라도 법에 저촉되는 일이 있으면 곧바로 태형으로 다스리도록 한다. 이와 같이 하면 대체로 그들의 예기(銳氣)는 약화되어서 밖에서 부리던 권세도 더 이상 펼칠 수 없게 될 것이다.

무릇 처음으로 풍헌(風憲)의 직을 맡게 되는 자는 반드시 알아야 할 점이다.

按行¹第四

將家²云, 多算勝少算, 少算勝無算. 不特³用兵爲然. 雖涖官臨政, 亦莫不爾. 夫廉司所涖之處, 一方官吏, 皆惕然不自安⁴. 其所不安者, 由彼爲惡日久, 恐人有以發而訟之一旦故也. 彼旣內隱其惡, 則必多方以求司官所親之人而解之. 夫司官所親者, 曰書吏焉, 曰奏差焉, 曰總領焉, 曰祇候焉. 夫爲人彌縫私罪⁵, 則何求不得, 何請不遂? 爲司官者, 苟不深防預備, 嚴爲禁切, 萬一連己, 悔將何及! 若乃司官廉正, 猶或庶幾. 其或彼此胥貪⁶, 弊將焉救. 於是乎⁷有箕歛⁸者, 有稛載⁹者, 有篋笥¹⁰充者, 囊橐¹¹盈者, 凡土所宜¹², 靡不搜刮, 昔端州出佳硯, 包孝肅¹³公出判¹⁴於彼, 及其代也, 徒手¹⁵而歸. 李及¹⁶知杭州, 絲餽縷謁¹⁷不逮門, 由市白樂天文集終身以爲慊¹⁸. 古人持身之廉如此, 況在風憲. 其所行州郡, 敢假分毫之物以自涴¹⁹哉! 大抵憲長得人, 則司官不敢恣, 司官得人, 則書吏不敢恣. 抑聞各道公宴, 司官書吏奏差, 同堂而坐, 喧譁笑謔²⁰, 上下不分, 所以致彼操縱自如, 百無忌憚²¹. 諺謂²²廉訪司乃書吏之權²³, 卽此觀之, 信匪虛語²⁴. 誠能設法以禁之, 威武以臨之, 小有所犯, 卽隨以鞭扑²⁵, 如此, 庶使精銳消沮, 威福不張於外矣. 凡初入風憲者, 不可不知.

---

1 按行(안행) 순행(巡行)하다.
2 將家(장가) 군사가(軍事家).
3 不特(불특) ～뿐만이 아니다. '特'은 '다만, 겨우, 단지, ～뿐'.
4 惕然不自安(척연부자안) 두려움에 스스로 불안을 느끼다. '惕然'은 '두려워하다'.

5 爲人彌縫私罪(위인미봉사죄) 다른 사람을 위해 사사로운 범죄를 임시로 대충 응변(應辯)하다.

6 彼此胥貪(피차서탐) 피차가 모두 탐욕을 부리다. '此'는 '모두'.

7 於是乎(어시호) 그래서, 그리하여.

8 箕歛(기렴) 거두어들이다. * 箕—키 기, 歛—줄 감, 탐할 함, 거둘 렴.

9 稇載(균재) 수탈을 하여 쌓아 놓다. '稇'은 '착취하다, 재물을 강제로 빼앗다, 약탈하다'.

10 篋笥(협사) 상자. * 篋—상자 협, 笥—상자 사.

11 囊橐(낭탁) 쌀 주머니. 곡식을 넣는 큰 자루.

12 土所宜(토소의) 토산물 중 좋은 것.

13 包孝肅(포효숙) 포증(包拯)을 가리킨다. 포증은 999년에 태어나 1062년에 사망한 자로, 자는 희인(希仁)이고, 시호(諡號)가 孝肅(효숙)이다. 일찍이 단주(端州)에서 주판(州判)을 지냈는데, 재임 때 공헌한 횟수에 따라 단연(端硯) 벼루를 제작하도록 하였다. 그러나 그는 공헌한 횟수를 이용하여 수십 배로 거두어 들였다가 세도가들에게 선물로 바쳤던 전임자와는 달리, 그는 그 직을 떠나면서 하나도 가지고 가지 않았다고 한다.

14 出判(출판) 지방관으로 나아가다. '判'은 '고위 관리가 낮은 직책을 겸직하다, 지방관으로 나아가다'.

15 徒手(도수) 빈손.

16 李及(이급) 송 대(宋代) 사람으로, 자는 유기(幼幾)다. 항주(杭州)에서 지주(知州)를 지냈는데, 재임기간 중에 지나치게 청렴결백하여 그 지역의 물건을 하나도 사지 않았으며, 물러날 때 가진 것은 오직 ≪백락천문집(白樂天文集)≫ 한 부뿐이었다고 한다.

17 絲餽縷謁(주궤루알) 한 오라기 실낱만 한 선물.

18 以爲慊(이위겸) 유감으로 생각하다. * 慊—앙심 먹을 겸.

19 溷(혼) 혼탁하다. * 溷—어지러울 혼.

20 喧譁笑謔(훤화소학) 시끄럽게 떠들며 웃고 농담하다.

21 百無忌憚(백무기탄) 무서워하는 것이 하나도 없다.

22 諺謂(언위) 속담에 이르기를, * 諺—상말 언

23 權(권) 규율. 저울의 추. * 權—저울추 권

24 信匪虛語(신비허어) 확실히 헛소리가 아니다.

25 鞭扑(편복) 곤장으로 치다. * 鞭—채찍 편, 扑—칠 박.

기록 잘 살피기

≪상서(尙書)≫에서 '수많은 옥사(獄事), 수많은 신중함'이라 하였고, 또 말하기를, "간사한 사람이 옥사를 처리하게 하지 말고 어진 사람이 옥사를 처리하도록 하라."라고 하였다.

≪주역(周易)≫에서 이르기를, "군자는 형벌을 사용하는 데 분명하게 하고 신중하게 하여, 옥사를 오래 머물게 하지 않는다."라고 하였다. 그렇다! 여기서 성인(聖人)이 생명을 아끼는 마음이 천지(天地)와 꼭 같다는 것을 알 수가 있다.

무릇 굶주림과 추위가 몸을 끊을 듯이 저며 올 때 의리(義理)를 깊이 아는 사람이 아니고서는 감히 그 마음에 다른 생각이 없도록 담보하기 어려운데, 하물며 아무것도 모르는 백성에게 있어서랴?

수목(守牧)이라는 지방관이 교양이 부족하고 궁핍하여 도적이 되었다면 이 어찌 그럴 만하다고 말할 수 있겠는가? 옛사람은 이런 점을 분명하게 알았기에 제도를 만들어 놓고 항상 관대하고 느긋한 마음으로 재촉하지 않았으며 항상 불쌍한 마음으로 화를 내거나 미워하지 않았던 것이다.

똑같은 도적이라도 나이가 많고 적음과 친소(親疎)의 구분이 있고 똑같은 간음이라 할지라도 남편이 있는 것과 없는 것의 차이가 있는 법이다. 질병이 있으면 약으로 그를 고쳐 주고 질병이 심하면 형구(刑具)를 풀어 주고 사람을 들여보내 그의 시중을 들어주도록 해 주었다.

무릇 사리에 어둡고 흉악한 사람들이 이미 법망에 걸려든 이상 염려할 것이 뭐 있을까마는, 그러나 옛사람들이 제도를 이렇게 만들어 놓은 것을 볼 때 그들의 어질고 너그럽고 진실하고 돈후한 마음을 읽을 수가 있다.

옛날에 구양공(歐陽公)의 부친은 사형수의 죄를 다스릴 때, 살릴 수 있는 방법을 찾았으나 뜻을 이루지 못하면 서류를 덮고 탄식하여 말하기를, "항상 생명을 구해 주려고 하는데도 그들을 죽이고 마는데, 하물며 세상에서는 늘 그들을 잡아 죽이는 것만을 추구하고 있음에 있어서랴!"라고 하였다. 후대의 잔인한 관리(官吏)들은 일절 이런 점은 힘쓰지 않고 오로지 위엄과 형벌만을 숭상하고 있으니 억울함을 당해서 죽은 자가 없다고 말하지만, 나는 믿을 수가 없는 것이다.

무릇 관직에 임하는 방법은 다른 것에 있는 것이 아니라 입으로는 위엄을 보이지만 마음은 선하게 가지는 것 그것일 뿐이다. 입으로 위엄을 보이는 것은 그 일을 잘 성취시키기 위함이고 마음을 선하게 가지는 것은 너무 쉽게 사람을 다치지 않도록 하기 위함이다.

하물며 오랫동안 감금되어 있는 죄수에게는 더욱더 자상함을 보여 주고, 가까이 오도록 불러서 이전에 조사를 담당했던 옥졸과 하급관리는 바꾸고, 선한 말로 따뜻하게 대해주면서 사건의 진상을 스스로 진술하도록 한 뒤에 정황에 아무 의심되는 것이 없으면 그제야 서류를 가지고 대조를 하면서 조사를 해야 할 것이다. 만약에 문건에만 근거하여 그 실상을 찾아내면 실수를 하지 않는 자가 드물 것이다.

무릇 주(州)와 현(縣)에 훌륭한 관리(官吏)가 없다면 이미 잘 작성된 서류도 감히 믿을 수가 없는 것이다. 털끝만큼이라도 혹시 오차가 생기면 여기에서 생사가 갈리는 것이다.

그래서 성인(聖人)은 이르기를, "무고한 자를 죽이기보다는 차라리 원칙에 어긋나는 실수를 하라."라고 하였다. 그리고 또 말하기를, "세운 공이 의심될 때는 큰 상을 주고 죄가 의심될 때는 가벼운 벌을 주라."라고 하였다. 죄수를 논하는 이치는 이 말이 다 하고 있다. 군자는 이 점에 신중해야 한다.

審錄第五

『書』曰, 「庶獄庶愼[1].」 又曰, 「非佞折獄, 惟良折獄[2].」 『易』謂, 「君子以明愼用刑, 而不留獄[3].」 於戲! 以此見聖人好生之心, 與天地等矣. 夫飢寒切身, 自非深知義理之人, 不敢保其心之無他, 況蚩蚩[4]之氓? 爲守牧[5]者, 敎養之不至, 窮而爲盜, 是豈得已哉? 古人有以灼其然[6], 故爲制也, 恒寬緩而不促迫, 恒哀矜而不忿疾. 均之爲盜也, 而有長幼疏戚之分, 均之爲姦也, 而有夫亡夫在之殊. 有疾則醫藥之, 疾革則釋梏[7], 入人而侍之. 夫彼冥迷凶險之徒, 旣麗於理[8]矣, 何足綴意[9], 而古人爲制如此者, 則其仁恕忠厚[10]之情可見矣. 昔歐陽公父[11], 治死囚之獄, 求其生而不得, 則掩卷而嘆, 其言曰, 「夫常求其生, 猶失之死, 況世常求其死哉!」 後之殘忍者, 一切不務而惟威刑之尙. 謂其無茹寃[12]而死者, 吾不信也. 夫涖官之法無他, 口威心善而已矣. 口威則欲其事集[13], 心善則不欲輕易害物. 況久繫之囚, 尤當示以慈祥, 召之稍前, 易其舊所隷卒吏[14], 溫以善言, 使自陳顚末, 情無所疑, 然後參之以案[15]. 若據案以求其情, 鮮有不誤人者. 蓋州縣無良吏, 不敢信其已具之文. 毫釐或差[16], 生死攸繫. 故聖人謂, 「與其殺不辜, 寧失不經[17].」 又曰, 「功疑惟重, 罪疑惟輕[18].」 論囚之道, 盡於此矣. 君子其愼諸.

---

1 庶獄庶愼(서옥서신) ≪상서(尙書)≫의 〈주서(周書)〉 '입정(立政)' 편에 나오는 말로, "여러 송사와 여러 삼갈 일에 그릇됨이 없도록 한다."라는 맥락이다.
2 非佞折獄, 惟良折獄(비녕절옥, 유량절옥) ≪상서(尙書)≫의 〈주서(周書)〉 '여형(呂刑)' 편에 나오는 말로, "말재간으로 송사를 판단해서는 안 된다."라는 것을 강조한 것이다.

3 君子以明愼用刑, 而不留獄(군자이명신용형, 이불류옥) ≪주역(周易)≫의 〈旅卦(여괘)〉편에 나오는 말이다.

4 蚩蚩(치치) 아무것도 모르다. * 蚩-어리석을 치

5 守牧(수목) 군수(郡守)나 주목(州牧)과 같은 일종의 지방관(地方官).

6 以灼其然(이작기연) 그러함을 분명하게 알다.

7 疾革則釋梏(질혁즉석곡) 질병이 심각하면 곧 수갑을 풀어 주다. '革'은 '병이 위급하다'. '梏'은 '수갑, 형구(刑具)'.

8 麗於理(려어리) 법망에 걸려들다. '麗'는 '~에 빠지다'. '理'는 '다스려지다, 처리하다, 재판을 하다'.

9 綴意(철의) 마음에 두다. 걱정하다.

10 仁恕忠厚(인서충후) 어질고 너그럽고 진실하고 돈후하다.

11 歐陽公父(구양공부) 구양수(歐陽脩)의 아버지. 즉 구양관(歐陽觀)을 가리킨다.

12 茹寃(여원) 원통함을 머금다. 원통함을 당하다. * 茹-먹을 여

13 欲其事集(욕기사집) 그 일을 잘 성공시키고자 하다. '集'은 '이루다, 성취하다'.

14 舊所隷卒吏(구소예졸리) 옛날에 조사를 담당했던 옥졸과 하급관리를 바꾸다. '隷'는 '조사하다, 검열하다'.

15 參之以案(참지이안) 서류를 가지고 대조 조사하다. '參'은 '대조 조사하다'.

16 毫釐或差(호리혹차) 털끝만큼이라도 혹시 차이가 있다면. '毫釐'는 원래, 자 또는 저울 눈금의 호(毫)와 리(釐)를 아울러 이르는 말인데, 여기서는 아주 '작음'을 형용한다.

17 ≪상서(商书)≫ 〈대우모(大禹谟)〉편에 나오는 구절이다.

18 ≪상서(商书)≫ 〈대우모(大禹谟)〉편에 나오는 구절이다.

천거하기

무릇 사군자(士君子)는 천하를 공의롭게 할 마음을 가진 뒤라야 천하의 현명한 사람들을 추천할 수 있다. 무릇 천하의 일이란 한 사람이 모든 것을 다 알 수 있는 것도 아니요 한 사람이 혼자서 이룰 수 있는 것도 아니기에 반드시 모든 것을 수용하고 폭넓게 취해야만 훌륭한 치리(治理)를 기대할 수 있게 되는 것이다. 그래서 선배가 이르기를, 나라에 보답하는 것으로써 현명한 사람을 천거하는 것만 한 것이 없다고 하였으니, 참으로 핵심을 잘 파악하고 있는 말이다.

오늘날 부자가 가정을 다스림에 있어서 밭이 있으면 반드시 훌륭한 농사꾼을 구해 그에게 농사를 짓도록 하고, 재산이 있으면 반드시 능력 있는 장사꾼을 구해 그에게 장사를 하도록 하고, 소나 양이 있으면 반드시 가축을 잘 기르는 자를 구해 그에게 사육을 시킬 것이다. 왜 그런가? 아마도 가정을 다스리는 데 간절함을 가진 사람이기에 그런 사람을 구하지 않을 수 없기 때문일 것이다.

하물며 천하를 기탁 받아 천하의 책임을 맡은 자가 천하의 인재를 구해서 그와 함께 다스릴 줄을 모른다면 어찌 그 지혜가 저 부자보다도 못한 것이 아니겠는가? 나라를 위하는 그 마음에 가정을 위한 간절한 마음 같은 것이 아직 없기 때문이다.

여기에 어떤 사람이 있는데 청렴하기도 하고 또 능력도 있다면, 비록 불구대천(不俱戴天)의 원수라 할지라도 공론에 따를 일이지 사사로움을 따라서는 안 되는 것이다.

세상에서는 일찍부터 이르기를, 풍헌(風憲)은 친한 사람이 아니면 보호해 주지 않고, 원수가 아니면 죄를 폭로하지 않는다고 하였다. 또 신분이 풍헌(風憲)의 보좌관인 자 중에는 어사(御使)에게 자신을 천거시켜 달라고 넌지시 말해 승진을 한 사람도 있다.

그렇다. 모든 관리들을 퇴출시키고 임용시킬 권한을 위임받았고, 모든 관리들의 의표(儀表)가 되어야 할 직무를 부여받아 놓고서, 힘을 다할 것은 생각지도 않고 오직 이런 일을 빌어 자기 이익이나 챙기고 있으니, 사람들은 그런 기만을 당할 수 있겠지만 천지와 귀신이 그런 기만을 당하겠는가?

무릇 부탁을 받은 후에 천거를 하는 것은 부탁을 받지 않고 천거를 하는 것보다 더 공정하지 못하고, 사람을 알고 난 뒤에 천거를 하는 것은 여론으로 채용을 하는 것보다 폭이 더 넓지 못하다. 무릇 자신이 현명한 자를 구하지 않는 것이나 반드시 다른 사람으로 하여금 자기를 구하도록 하는 것, 모두 다 잘못된 것이다.

무릇 부탁을 한다고 반드시 천거할 필요도 없고 천거를 했다고 반드시 얼굴을 알 필요도 없는 것이다. 고로 옛사람들은 소문을 듣고 천거한 자도 있고 만나보고 천거한 자도 있으며, 원수를 천거한 자도 있고 친한 사람을 천거한 자도 있으며, 장부에서 모집한 자도 있고 병풍에 기록해 두었던 자도 있으며, 주머니 속에 써 놓은 자도 있었다. 그러나 비록 천거하는 방법은 하나 같이 동일하지 않았지만 핵심은 극히 공평무사했다는 것일 뿐이다.

그렇다. 참으로 이와 같이만 한다면 재상(宰相)이 되고 풍헌(風憲)이 된 자가 어찌 일을 하는 데 인재가 부족하다는 탄식을 할 수 있겠는가?

薦舉第六

夫士有公天下之心, 然後能舉天下之賢. 蓋天下之事, 非一人所能周知, 亦非一人所能獨成, 必兼收博采[1], 治理可望焉. 故前輩謂報國莫如薦賢, 眞知要之言哉! 今夫富者之於家, 有田焉, 必求良農使之耕, 有貨焉, 必求能商使之賈[2], 有牛羊焉, 必求善豢者[3]使之牧, 何則? 蓋彼拳拳[4]於治家, 故不得不求其人也. 況受天下之寄, 任天下之責者, 乃不知求天下才共治之, 豈其智之不若彼富者哉? 由其爲國之心, 未嘗如其爲家之心之切故也. 於此有人焉, 廉而且幹, 雖有不共戴天之仇, 公論之下, 亦不得而私焉. 世嘗謂風憲非親不保, 非仇不彈. 又有身爲憲佐, 風御史[5]薦己就陞[6]者. 嗚呼, 委以黜陟[7]百官之權, 授以儀表百司之職, 乃不思報效[8], 惟假之以行己私, 人則受其欺矣, 天地鬼神, 其受欺乎? 大抵求而後舉, 不若不求而舉之爲公, 識而後薦, 不若采之輿議之爲博. 夫己不求賢, 必使人之求己者, 皆非也. 蓋求則不必舉, 舉則不必識矣. 故古人有聞而舉者, 有見而舉者, 有舉仇者, 有舉親者, 有集於簿者, 有疏諸屛風者, 有書之夾袋[9]者, 雖其舉不一, 要極於公當無私而已. 於戲! 誠如是, 則爲相爲風憲者, 安有臨事乏才之嘆.

---

1 兼收博采(겸수박채) 전부 수용을 하고 폭넓게 채용을 하다.
2 使之賈(사지고) 그에게 장사를 시키다. * 賈—장사 고.
3 善豢者(선환자) 잘 기르는 사람. * 豢—기를 환.
4 拳拳(권권) 충성스럽다, 간절하다, 진지하다.
5 風御史(풍어사) 어사에게 넌지시 말하다. '風'은 '넌지시 말하다'.

6 就陞(취승) 승진하다.
7 黜陟(출척) 못된 사람을 내쫓고 착한 사람을 뽑아 쓰다. * 黜–물리칠 출. 陟–오를 척.
8 報效(보효) 있는 힘을 다하다. 진력하다.
9 夾袋(협대) 옷에 달린 호주머니. 송 대(宋代)의 여몽정(呂蒙正)은 호주머니 속에
   공책을 하나 넣고 다니다가, 각 지방에서 사람들이 오면 그곳에 어떤 인재가 있
   는지 물어보고, 떠난 후에는 그 이름을 공책에 적어 두었다가 조정에서 인재를
   구할 때 이를 보고 천거를 했다고 한다.

규탄하기

무릇 대헌(臺憲)이란 직책은 내외(內外)·원근(遠近)에 관계없이 알고 있는 바는 무엇이든 말을 해서 주상이 듣도록 해야 한다. 비록 외직으로 근무하고 있다 할지라도 조정(朝廷) 안의 인간답지 못한 사람에 대해 아는 것은 규탄하여 이를 말하는 것이 옳다. 비록 조정(朝廷) 안에 있다 할지라도 외직 벼슬을 하는 자의 불법을 알고 있다면 규탄하여 말하는 것이 역시 옳다. 대체적으로 지극히 공평무사함을 요구하는 자, 그는 얻어 쓸 만한 인물이다.

무릇 사람이 벼슬을 함에 있어서 높은 지위로 임금 가까이 있는 사람도 있고 멀리 있는 사람도 있지만, 높은 지위로 가까이 있는 사람이라 할지라도 조금도 관대하게 봐주지 않으면 지위가 낮고 죄가 경미한 자들은 탄핵을 기다릴 것도 없이 스스로 나쁜 짓을 하지 않게 될 것이다.

그래서 선배가 "승냥이와 이리가 길 가운데 있는데 어찌 여우와 살쾡이에게 안부를 묻겠는가?"라고 한 말은 역시 이런 뜻을 말하는 것이다. 마음속으로 일찍이 생각해 본 바, 천거하는 데 있어서의 요체는 소관(小官)을 먼저 하는 것이요, 규탄하는 것에 있어서의 요체는 지위가 높은 관리(官吏)를 먼저 하는 것이지만, 그러나 또 그 소행이 군자인지 소인인지를 자세히 살펴야 할 것이다.

만일에 참으로 소인이면 비록 장점이 있어도 반드시 천거할 필요는 없는 것이다. 왜 그런가? 평소에 선하지 못한 짓을 많이 했기 때문이다. 만일에 참으로 군자라면 비록 자그마한 잘못이 있다 할지라도 반드시 따질 필요는 없는 것이다. 왜 그런가? 평소에 선한 일을 많이 했기 때문이다.

하물며 형벌과 법령은 본래 소인의 과실을 다루기 위한 것이니 만약에 군자에게 과실이 아주 엄중하지 않다면 함부로 그를 해쳐서 수십 년 동안 힘들게 쌓아 놓았던 공을 하루아침에 쓸어가 버리지 않도록 해야 할 것이다.

무릇 인재는 얻기가 어렵고 완전한 인재는 더욱 얻기가 어렵다. 옛날에 조청헌(趙淸獻) 공(公)은 정부에 진언하는 직책에 있을 때 탄핵을 할 때는 권세 있고 지위 높은 사람이라 할지라도 피하지 않아, 서울에서는 그를 철면어사(鐵面御使)라고 불렀다. 일찍이 조정에서 군자와 소인을 분명하게 구별하여 말하기를, "소인은 비록 작은 잘못만 있어도 힘써 그를 배척하고 잘라내야 뒤에 걱정거리가 없게 되고, 군자는 불행하게 실수가 좀 있어도 국가를 위해 그를 지키고 사랑하여 그 덕(德)을 온전하게 하도록 해야 한다."라고 하였다.

그렇다. 조공(趙公)의 말은 깊은 식견과 원대한 생각이 담긴 것으로, 진정 최대 핵심을 알려 주는 말이라 할 수 있다. 따라서 내가 이것을 명백하게 드러내어 이 길을 가는 자들에게 본보기가 되도록 하고자 한다.

糾彈第七

夫臺憲[1]之職, 無內外遠邇之分, 凡有所知, 皆得盡言以聞於上. 雖在外, 苟知居中者非人, 糾而言之可也. 雖在內, 苟知外官者不法, 糾而言之亦可也. 大率[2]期[3]以至公無私, 斯得之矣. 夫人之仕也, 有貴近焉, 有疏遠焉, 貴近者不少貸[4], 則位卑而罪微者, 不待劾而自艾矣. 故前輩謂「豺狼當道, 安問狐狸[5]?」亦此意也. 竊嘗[6]謂薦擧之體, 則宜先小官, 糾彈之體, 則宜先貴官, 然又當審其素行, 爲君子, 爲小人. 如誠小人, 雖有所長, 亦不必擧. 何則? 其平日不善者多也. 如誠君子, 雖有小過, 亦不必言. 何則? 其平日之善者多也.

況刑憲本以待小人, 君子之過, 苟不至甚, 殆不宜輕易害之, 使數十年作養之功, 掃地於一旦也. 蓋人才難得, 全才爲尤難得. 昔趙淸獻[7]公在言路, 彈劾不避權貴, 京師號爲鐵面御史. 嘗欲朝廷別白君子小人, 其言曰,「小人雖有小過, 當力排絶之, 後乃無患. 君子不幸而有詿誤[8], 則當爲國家保持愛護, 以全其德.」於戱! 趙公之言, 可謂深識遠慮, 眞知大體之論矣. 故余表[9]而出之, 以爲當路者楷式[10].

---

1 臺憲(대헌) 어사대(御史臺)의 관원(官員).

2 大率(대솔) 대략, 대체로.

3 期(기) 요구하다.

4 不少貸(불소대) 조금이라도 관대하게 봐주지 않다. '貸'는 '관대하게 보아주다,
관용하다, 용서하다'. * 貸−빌릴 대

5 豺狼當道, 安問狐狸(시랑당도, 안문호리) ≪후한서(後漢書)≫ 〈장강전(張綱
傳)〉에 나오는 말이다.

6 竊嘗(절상) 마음속으로 일찍이. '竊'은 '남몰래, 마음속으로'.

7 趙淸獻(조청헌) 북송(北宋)의 명신(名臣) 조면(趙抃)을 가리킨다. 조청헌은 그의
시호(諡號)로, 1008년부터 1084년까지 살았다.

8 詿誤(괘오) 잘못. * 詿−그르칠 괘

9 表(표) 드러내어 밝힘.

10 楷式(해식) 모범, 본보기.

일을 보고하고 대답하기

조정(朝廷) 안팎의 관리(官吏)들 중에 풍헌(風憲)보다 어려운 벼슬은 없고 풍헌보다 더 위태로운 벼슬도 없을 것이다.

어찌 어렵다고 하는가? 사람들이 쫓아가는 것을 감히 쫓아갈 수 없고 사람들이 즐기는 것을 감히 즐길 수 없으며, 사람들이 사리(私利)를 취하는 것을 감히 취할 수 없고 고상하고 높은 것은 이지러지기 쉬우며, 깨끗하다고 하는 것은 더럽혀지기 쉬우니 어렵지 않다고 어찌 말할 수 있겠는가?

어찌 위태롭다고 말하는가? 조정에 들어가서는 천자(天子)와 시비를 다투고 나가서는 대신들과 가부(可否)를 판별하며, 다른 사람의 간사함을 적발하고 다른 사람의 벼슬을 떨어뜨리며, 다른 사람의 관직을 빼앗고 심한 경우에는 사람을 사형의 죄로 다스리기까지 하는데, 하나라도 혹 자세히 살피지 못하면 도리어 죄가 되어 죽을 때까지 제소할 데도 없으니 위태롭지 않다고 어찌 말할 수 있겠는가?

그러나 군자는 그런 벼슬자리에 있어도 그 직무를 다할 것을 생각하고, 이른바 위태롭고 어려운 일이라도 반드시 회피해서는 안 되며, 충성을 다하고 진실 된 말을 하며 죽고 사는 문제나 화를 당하고 복을 받는 일도 마음에 두지 않고 주상에게 배운 도리를 저버리지 않기를 희망해야 한다.

혹시 조정(朝廷)에서 일을 아뢰고 대답을 할 때는 마음을 평온하게 하고 호흡을 편안하게 하여 오직 사실만을 진술하도록 한다. 하는 말이 정말로 진실이라면 비록 침착하고 완곡하더라도 역시 진리인 것이고, 하는 말이 정말로 이치에 맞지 않는다면 비록 극도로 흥분하여 격렬하게 말을 해도 역시 이치에 맞지 않는 것이다.

몹시 화난 모습으로 말을 하고 표정을 지어 보인다면 주상을 섬기는 체통도 잃게 되고 자신이 맡은 일에도 역시 유익함이 없을 것이다.

옛날에 수레 난간을 붙잡고 말의 가슴걸이 끈을 잘랐던 일이나, 옷섶을 붙잡고 수레바퀴를 가로막았던 일도 모두 형세가 위급하고 일이 급박해서 부득이하게 한 일이었으니, 만일에 일이 이 지경까지 이르지 않았더라면 아마도 법으로 집행하지 않았을 것이다.

선배가 말하기를, "격앙되어 사람을 죽이는 일은 쉽지만 느긋하게 의를 취하는 일은 어렵다."라고 하였다. 이 점을 체득하고 행할 수 있다면 따르지 않는 자가 없을 것이다.

奏對第八

中外之官, 莫難於風憲, 莫危於風憲. 曷謂難? 人之所趨者不敢趨, 人之所樂者不敢樂, 人之所私者不敢私, 所謂「嶢嶢者[1]易缺, 皦皦者[2]易汚[3].」非難而何? 曷謂危? 入焉與天子爭是非, 出焉與大臣辨可否, 至於發人之姦, 貶人之爵, 奪人之官, 甚則罪人於死地, 一或不察, 反以爲辜, 則終身無所於訴, 非危而何? 然君子居其官, 則思盡其職, 所謂危且難者, 固有所不避焉, 竭忠吐誠, 置死生禍福於度外, 庶[4]上不負所學. 其或奏對[5]於殿廷之上, 平心易氣, 惟事之陳. 理誠直[6], 雖從容宛轉而亦直, 理誠屈, 雖抗厲激切[7]而亦屈. 夫悻悻[8]其辭色, 非惟有失事上之體, 而於己於事, 亦無所益. 古之攀闌斷鞅[9], 曳裾軔輪[10]者, 皆勢危事迫, 不得已而爲之, 苟事不至是, 殆不可執以爲法. 前輩謂,「慷慨殺身者易, 從容就義者難.」體此而行, 則茂有[11]不從者矣.

1 嶢嶢者(요요자) 높고 고상한 것. * 嶢–높을 요.

2 皦皦者(교교자) 깨끗한 것. * 皦–옥석 흴 교.

3 嶢嶢者易缺, 皦皦者易汚(요요자이결, 교교자이오) ≪후한서(後漢書)≫ 〈황경전(黃瓊傳)〉에 나오는 구절이다.

4 庶(서) 희망하다. 바라다.

5 奏對(주대) 말을 하고 대답을 하다.

6 理誠直(이성직) 하는 말이 정말로 진실 된 것이라면. '理'는 '말하다'. '誠'은 '정말로'.

7 抗厲激切(항려격절) 아주 흥분하여 격렬하게.

8 悻悻(행행) 성내는 모양. * 悻–성낼 행.

9 攀闌斷鞅(반란단앙) 난간을 붙잡고 말 가슴걸이를 끊다.
   * 攀–더위잡을 반. 闌–가로막을 란. 鞅–가슴걸이 앙.

10 曳裾軔輪(예거인륜) 옷섶을 끌며 수레바퀴를 막다.
   * 曳–끌 예. 裾–옷자락 거. 軔–쇄기나무 인. 輪–바퀴 륜.

11 蔑有(멸유) 없다. '蔑'은 '없다, 적다'.

어려움에 처했을 때

무릇 신하된 자가 나라를 위해 군주에게 진언하는 책임을 맡게 되면 감히 형을 당하거나 욕먹는 일이 반드시 없을 것이라고 말하기는 어려우니, 핵심은 처지에 따라 조용히 기다리며 이치로 그것을 이기는 것일 뿐이다. 만약에 애걸을 하면서 동정을 구하거나 두려움으로 불안해하며 먼저 앞서서 좌절을 해 버린다면 어떻게 자신의 무고함을 분명히 밝힐 수 있겠는가?

무릇 자신의 직무를 다하느라 나라를 위하고 백성을 위하느라 죄를 지었을 때, 군자는 이를 치욕스럽게 생각하지 않고 오히려 영광스럽게 생각하였으니, 비록 구속이 되고 몽둥이로 매를 맞고 도끼로 살육을 당한다 해도 어찌 부끄러울 것이 있겠는가?

옛날부터 화(禍)를 당했지만 심기 불편해 하지 않았던 자들을 역사적으로 살펴볼 때, 하(夏)·은(殷)·주(周) 3대 이하로 예를 들어보면, 자로(子路)가 갓끈을 매었던 일, 의료(宜僚)가 얼굴색 하나 바꾸지 않았던 일, 황패(黃霸)가 감옥에서 글을 배웠던 일, 왕경문(王景文)이 빈객과 바둑을 두었던 일, 유의(劉褘)가 스스로 사죄의 편지를 썼던 일, 위원충(魏元忠)이 사면 소식을 듣고도 마음의 동요가 없었던 일, 이런 일들은 모두 의(義)와 명(命)의 소재가 구구하게 다른 사람의 힘으로 바꿀 수 있는 것이 아니라는 것을 분명하게 알았기 때문이다. 그래서 사군자(士君子)의 평소 소양이 깊은지 얕은지 진정인지 가짜인지를 바로 여기서 볼 수가 있는 것이다.

이사(李斯)가 형을 당하게 되었을 때, 부자(父子)가 서로 울었던 일, 양자운(楊子雲)이 붙잡히게 되자 천록각(天祿閣)에서 투신하여 거의 죽게 되었던 일, 왕탄지(王坦之)가 사안(謝安)과 더불어 똑같이 유명했지만 환온(桓溫)이 조정으로 오자 수판(手板)을 거꾸로 잡았던 일, 최호(崔浩)가 스스로 자방(子房)에 비유하면서 역사 사실을 쟁론하느라 목이 쉬고 무릎이 떨리고 오줌까지 쌌던 일, 이런 것들에서 그들은 오직 입과 귀로 하는 것만 일삼았을 뿐이지 성현의 생명에 관한 도리에 대해서는 일찍이 마음에 담아둔 적이 없었다는 것을 보여 주고 있다.

　한문공(韓文公)의 말은 참으로 훌륭하다. 그는 말하기를, "유학자가 환난에 처했을 때 자기가 스스로 그것을 야기해서 취한 것이 아니라면 그것을 거부하여 마음에 품지 말기를 마치 하천에 제방을 쌓아 낙숫물을 막는 것처럼 하고, 받아들여 그것을 녹여 버리기를 마치 물이 바다에 처하고 얼음이 여름날 태양 아래 놓인 것처럼 해야 한다. 글을 지어서 희롱을 하거나 환난을 잊으려고 하는 것은 금석(金石)으로 연주를 하여 귀뚜라미와 여치 울음소리를 깨뜨리는 것과 같다."라고 하였다. 그래서 군자의 학문은 이치를 분명히 밝히고 스스로에 대한 믿음을 귀하게 여기는 것이다.

臨難第九

夫人臣而當國家言責之任, 刑辱之事, 不敢必其無有[1], 要在順處靜俟[2], 以理勝之而已. 若乃求哀乞憐[3], 惴慄無所[4], 已先挫撓[5], 何以自明? 夫盡己之職, 爲國爲民而得罪, 君子不以爲辱, 而以爲榮, 雖縲紲之, 椎楚[6]之, 斧鉞[7]之, 庸何[8]愧哉! 歷觀自古處禍患而不亂者, 三代而下, 如子路之結纓[9], 宜僚[10]之正色, 黃霸[11]之在獄授書, 王景文[12]之與客弈棋, 劉禪之[13]自書謝表, 魏元忠[14]之聞赦不動, 是皆有以眞知義命所在, 非區區之人力所得而移也. 然士君子平昔所養, 其深與淺, 其情與僞, 於焉可以見之. 李斯[15]臨刑, 父子相泣,楊子雲[16]被收, 投閣幾死, 王坦之[17]與謝安齊名, 桓溫來朝, 倒執手板, 崔浩[18] 自比子房[19], 爲辨史事, 聲嘶股栗, 溺不能隱. 此可見彼惟事口耳, 而於聖賢 性命之學, 實未嘗得諸心也. 善乎韓文公[20]之言曰,「儒者之於患難, 苟非其 自取之, 其拒而不受於懷也, 若築河堤以障屋霤[21], 其容而消之也, 若水之於 海, 冰之於夏日. 其玩而忘之以文辭也, 若奏金石以破蟋蟀之鳴.」故君子之 學, 以明理自信爲貴.

1　無有(무유)　없다.

2　順處靜俟(순처정사)　처지에 순응하며 조용히 기다리다. * 俟-기다릴 사.

3　求哀乞憐(구애걸린)　애걸을 하고 동정을 구하다.

4　惴慴無所(췌섭무소)　두려워 불안해하다. '惴慴'은 '무서워하다'. '無所'는 '불안해 하다. 어찌할 바를 모르다'. * 惴-두려워할 췌. 慴-두려워할 섭.

5　挫撓(좌뇨)　좌절하다. * 挫-꺾을 좌. 撓-어지러울 뇨.

6　椎楚(추초)　몽둥이로 매를 맞다. * 椎-몽치 추. 楚-모형 초.

7　斧鉞(부월)　도끼로 죽임을 당하다. * 斧-도끼 부. 鉞-도끼 월.

8　庸何(용하)　어찌하여, 무엇 때문에. * 庸-쓸 용.

9　子路之結纓(자로지결영)　자로(子路)가 갓끈을 묶다. 자로(子路)는 공자의 제자 로, 그가 위(衛)나라에서 벼슬을 할 때 어려움을 당하게 되었는데, 그때 무사(武 士)들이 창으로 그의 갓끈을 끊어 놓자, "군자는 죽어도, 갓을 벗지 않는 법이 다."라고 하면서 갓끈을 다시 매고 죽었다고 한다.

10　宜僚(의료)　춘추시대 초(楚)나라의 용사(勇士)로, 성씨는 웅(熊)이다. 백공승(白 公勝)이 난을 일으켜 영윤(令尹) 자서(子西)를 죽이려고 그를 청했지만 거절하였 다. 백공승이 칼로 위협을 했으나 얼굴색 하나 변하지 않았다고 한다. ≪장자(莊 子)≫〈서무귀(徐無鬼)〉편에 이런 기록이 있다.

11　黃霸(황패)　자는 차공(次公)으로, 한(漢) 무제(武帝) 때 정위정(廷尉正)을 지냈 다. 하후승(夏侯勝)의 사건에 연루되어 옥살이를 하였고, 옥중에서 하후승에게 ≪상서(尙書)≫를 배웠다고 한다.

12 王景文(왕경문) 남조(南朝) 송(宋)나라 사람으로 이름은 욱(彧)이고, 자가 경문 (景文)이다. 명제(明帝)가 그에게 독약을 내렸는데, 마침 다른 사람과 바둑을 두고 있던 왕경문은 바둑알을 통에 담아 놓고 조용히 약을 마시고 죽었다고 한다. ≪송서(宋書)≫에 이런 기록이 있다.

13 劉褘之(유의지) 자는 희미(希美)로, 당 대(唐代)의 대신(大臣)이다. 예종(睿宗) 때 재상을 지냈으며, 무칙천(武則天)의 모사(謀士)로 지낼 때 무칙천의 권한을 황제에게 넘겨주라고 권했다가 그녀에게 미움을 사서 죽임을 당했다.

14 魏元忠(위원충) 당 대(唐代) 사람으로 고종(高宗) 때 감찰어사를 지냈다. 혹리 (酷吏)인 내준신(來俊臣)에게 모함을 받아 곧 사형에 처하게 되었을 때도 얼굴색 하나 변함이 없었다. 뒤에 사면이 된다는 소식에도 얼굴에 변화가 없었다고 한다. ≪신당서(新唐書)≫ 〈위원충전(魏元忠傳)〉에 이런 내용이 있다.

15 李斯(이사) 진시황(秦始皇) 때의 승상(丞相)을 지냈다. 훗날 조고(趙高)에게 죽임을 당하게 되어 형장에서 아들을 만났을 때, "내 다시 너하고 개를 데리고 토끼 사냥을 하려고 했었는데, 이제는 어찌 그것이 가능하겠느냐?"라고 하면서 아들을 안고 울었다고 한다. ≪사기(史記)≫ 〈李斯傳(이사전)〉에 이런 내용이 있다.

16 楊子雲(양자운) 한 대(漢代) 사람으로, 즉 양웅(揚雄)을 말한다. 왕망(王莽) 때 견풍(甄豊) 부자를 주살하고 유분(劉棻)을 먼 지방으로 내쫓았다. 그 유분이 일찍이 양웅에게 공부를 배웠다. 양웅이 천록각(天祿閣)에서 교서(校書)를 하고 있을 때 옥리(獄吏)가 체포하러 온다는 소식을 듣고 그 천록각에서 뛰어내려 거의 죽게 되었었다고 한다. ≪한서(漢書)≫ 〈양웅전(揚雄傳)〉에 이런 내용이 실려 있다.

17 王坦之(왕탄지) 동진(東晉) 사람이다. 환온(桓溫)이 신정(新亭)에서 병력을 배치해 놓고 왕조(王朝)를 바꾸려고 사안(謝安)과 왕탄지를 만나보러 갔는데 왕탄지는 너무 놀라서 옷이 땀에 흠뻑 젖은 채로 수판(手板)을 거꾸로 잡았지만 사안은 조용히 담소하였다고 한다.

18 崔浩(최호) 자는 백연(伯淵)으로 북위(北魏) 사람이다. 그는 자신을 한(漢)나라 장량(張良)에 비유를 했다가 반문을 당해 몸을 떨었다고 한다. ≪북사(北史)≫ 에 이런 내용이 있다.

19 子房(자방) 한(漢)나라의 건국 공신으로 이름은 장량(張良)이다. 고조(高祖) 유방(劉邦)을 도와 한나라 창업에 힘썼다. 선견지명이 있는 책사(策士), 소하(蕭何)·한신(韓信)과 함께 한나라 창업의 삼걸(三傑)로 불린다.

20 韓文公(한문공) 당 대(唐代)의 문장가요 사상가로 한유(韓愈)를 말한다. 자는 퇴지(退之)이며 시호는 문(文)이다.

21 屋霤(옥류) 처마 끝에서 떨어지는 물. 낙숫물. * 霤-낙숫물 류.

절조를 온전히 지키기

사람에게 죽음이 있는 것은 낮이 있으면 반드시 밤이 있고 더위가 있으면 반드시 추위가 있는 것과 같은 이치다. 이는 예나 지금이나 당연한 이치이기에 지나치게 피하려고 할 것이 못된다.

만약에 자식 된 자가 효도 때문에 죽고 신하된 자가 충성 때문에 죽는다면 그 죽음은 위대한 것이기에 몸은 비록 죽지만 그 이름은 사라지지 않게 된다.

태사공이 말하기를, "죽음은 태산보다도 무겁고 기러기 털보다도 가볍다."라고 하였다. 의(義)가 아니면 죽지 않기 때문에 그래서 태산보다 무거운 것이다. 만약에 의로운 것이면 아무것도 돌아보지 않게 되기에 그래서 기러기 털보다도 더 가볍다고 하는 것이다.

그렇다. 사람이 조그마한 몸으로 몇 년 잠깐 살다 가지만 그를 산처럼 우뚝 솟아 있게 하고 해와 별처럼 높이 떠 있게 할 수 있는 것으로 절조(節操)와 의리(義理)가 아니면 이것이 가능하겠는가?

하물며 사람의 귀하고 천함이라든가 오래 살고 요절하는 이런 것은 하늘이 본래부터 정해 놓은 것으로, 이 사람에게 붙으면 벼슬을 얻고 이 사람에게 어긋나면 벼슬을 잃으며, 실정에 대해 말을 하면 몸이 위태로워지고 입을 닫고 있으면 우환이 없게 된다는 이런 말은 세상의 무식한 사람들이나 가지고 있는 소견으로 사군자(士君子)가 어찌 이런 이치로 취사선택을 할 수 있겠는가?

그러나 정직해도 때로는 화를 당하는 경우가 있으니 군자는 이를 불행이라 여기고, 간사하지만 역시 때로는 복을 받는 경우가 있으니 군자는 이를 요행이라 여긴다. 하나를 불행이라 여기고 하나를 요행이라 여기면 시비(是非)와 영욕(榮辱)의 의미도 분명해진다.

그래서 절조 있고 의리 있는 사람은 천하의 표본이 된다. 신하의 크고 훌륭한 덕은 부유하고 귀하다고 방탕하지 아니하고 가난하고 보잘 것 없다고 위축되지 않으며, 권세와 무력 앞이라고 흔들리지 않는다. 도(道)의 소재에 따라 죽기도 하고 살기도 하는 것이다.

더러운 것에 붙어서 아부를 하고 자기를 굽혀 다른 사람에게 굴종하는 자들은 이른바 득실에 무관하게 그저 정도(正道)를 파괴시키고 만다.

설사 한때 영예와 총애를 얻었다 할지라도 세력이 옮겨가고 섬기던 것이 떠나 버리면 그 옛날의 영예는 번개처럼 사라지고 바람처럼 잠잠해져서 그 종적은 막막하게 없어지게 될 것이며, 사람들의 이목(耳目)에 남는 것은 간사한 아첨꾼이라는 이름뿐이다. 천고의 세월은 하루와 같은데 그 욕됨이 어찌 다할 날이 있겠는가?

그렇다. 차라리 절의(節義)를 위해 죽을지언정 욕됨을 위해 살아서는 안 될 것이며, 이러한 정신으로 마음을 정한다면 거의 옛사람들에게 부끄러울 것이 없을 것이다.

全節第十

人之有死, 猶晝之必有夜, 暑之必有寒. 古今常理, 不足深諱[1]. 若爲子死於孝, 爲臣死於忠, 則其爲死也大, 身雖歿而名不沒焉. 太史公[2]謂, 「死有重於泰山, 有輕於鴻毛.」非其義則不死, 所以重於泰山也. 如其義則一切無所顧, 所謂輕於鴻毛也. 嗚呼! 夫人以眇然[3]之身, 倏爾[4]之年, 使之山岳聳而日星揭

者, 非節義能爾耶? 況人之貴賤壽夭, 天所素定, 而謂附此人則得官, 違此
人則失官, 言事則身危, 不言則無患, 此世俗無知者所見, 士君子豈以是爲
取舍哉! 然正直亦有時而被禍者, 君子以爲不幸, 奸邪亦有時而蒙福者, 君
子以爲幸. 一以爲不幸, 一以爲幸, 則其是非榮辱較然[5]. 故節義者天下之大
閑[6]. 臣子之盛德, 不蕩於富貴, 不懾於貧賤, 不搖於威武. 道之所在, 死生以
之. 彼依阿淟涊[7], 枉己狥人者, 所謂無關得喪, 徒缺雅道. 正使獲榮寵於一
時, 迨夫勢移事去, 其前日之榮, 電滅風休, 漠無蹤跡, 其昭在人耳目者, 奸
佞之名. 千古猶一日. 其爲辱也, 庸有旣乎? 嗚呼! 寧爲此而死, 不爲彼而生,
以是處心, 庶無愧於古人矣.

---

1 不足深諱(부족심휘) 심히 꺼릴 것이 못된다. * 諱—꺼릴 휘.
2 太史公(태사공) 한 대(漢代)의 사마천(司馬遷)을 말한다.
3 眇然(묘연) 극히 작은 모양. '眇'는 '극히 작다'. * 眇—애꾸눈 묘
4 倏爾(숙이) 재빨리, 어느덧. * 倏—갑자기 숙.
5 較然(교연) 분명히, 명백하게, 뚜렷하게.
6 大閑(대한) 큰 규칙, 중요한 표본. '閑'은 '법규, 규칙'.
7 依阿淟涊(의아전년) 더러운 것에 의지하고 아부하다. '依阿'는 '기대어 아부하
   다'. '淟涊'은 '더러운 것'. * 淟—때낄 전 涊—때 묻을 년

묘당충고 廟堂忠告

수신

선배가 말하기를, "벼슬을 하여 장군과 재상의 자리까지 오르게 되면 세상 사람들에게 영광이라는 말을 듣게 된다. 이는 영광이 곧 치욕의 시작이라는 것을 모르고 하는 말이다. 오직 자기 수양이 잘된 자는 그 영광을 보존할 수 있지만 자기 수양이 잘되지 못한 자는 빠르기가 그 치욕에 가속도가 붙을 것이다."라고 하였다.

소위 자기 수양을 잘한다는 것은 어떤 것인가? 청렴함으로써 자신을 잘 단속하고 충성심으로 주상(主上)을 잘 섬기며, 정직함으로 일을 잘 처리하고 공경과 신실함으로 모든 관료들을 잘 통솔하는 것을 말한다. 이와 같이 하면 좋은 명성이 따라오게 되고 여론이 자기에게로 돌아오며 귀신이 복까지 주게 되어 비록 그 영예를 사양하고 싶어도 그럴 수가 없게 되는 것이다.

소위 자기 수양을 잘 못한다는 것은 어떤 것인가? 사익을 챙기고 공익은 망각하며 탐욕을 끝없이 행하고 앞 수레가 엎어져도 경계하지 않으며 나라에 보답할 것은 생각도 하지 않는 것을 말한다. 이와 같이 하면 악명이 따라오게 되고 사람들의 훼방이 자기에게로 돌아오며 귀신은 재앙을 주게 되어 비록 이런 치욕을 피하고자 해도 그럴 수가 없게 되는 것이다.

그렇다. 재상된 몸으로서 무슨 선(善)인들 행할 수 없겠는가? 무슨 공인들 세울 수 없겠는가? 고려하는 것은 고작 보잘 것 없는 이익이요 좋지 못한 것에 홀려 망령된 행동이나 한다면 어떻게 심히 애석한 일이 아니겠는가?

또한 자고이래로 재상을 지냈던 사람이 추위에 얼거나 배가 고파 죽었다는 말을 아직 들어보지 못했지만, 재물에 빠져 죽고 술에 빠져 죽고 여색에 빠져 죽고 일락(逸樂)에 빠져 죽었다는 말은 대대로 없었던 때가 없었다.

옛날에 제갈공명은 승상(丞相)을 20년이나 지냈지만 집안에 한 치의 재물을 늘린 것이 없었으며 그렇다고 한 번도 가난을 걱정한 적도 없었으며, 결국에는 왕실의 일에만 힘쓰다가 죽었지만 지금까지도 그의 이름은 영광을 보여 주고 있으니 대대손손 만종(萬鍾)의 복록(福祿)을 끝없이 누리고 있는 것과 같다.

당(唐)나라 원재(元載)는 재상이 되어 오직 좋아하는 것만 사사로이 챙기다가 패망에 이르렀음에, 그의 집을 몰수하였더니 후추가 800곡(斛)이나 되었다. 그의 이름이 추악한 것을 보건대 언제나 불결함을 뒤집어쓰고 그 더러운 냄새를 무궁토록 전파하고 있는 것만 같다.

그렇다. 사람은 백 년의 몸뚱이를 가졌지만 하늘은 햇수로 불과 80년이나 90년만을 빌려주었을 뿐이다. 잠시 80을 기준으로 하더라도 뜻을 이루어 사는 것은 불과 30년이나 40년에 불과할 뿐이다. 그런데 어찌 30년 40년 사이에 후추 800곡(斛)을 먹는 이런 이치가 있을 수 있겠는가?

옛사람이 이르기를, 이익은 사람의 지혜를 혼미하게 한다고 하였는데, 이는 뚜렷한 증거가 될 것이다. 그렇다. 무릇 재상이 된 자는 제갈공명을 본보기로 삼고, 당나라 원재를 경계로 삼을 수 있다면 비록 태정(台鼎) 벼슬을 죽을 때까지 한다고 해도 또 무슨 후회할 일이 생기겠는가?

修身第一

前輩謂,「仕宦而至將相, 爲人情之所榮. 是不知榮也者, 辱之基也. 惟善自修者, 則能保其榮, 不善自修者, 適[1]足速其辱.」所謂善自修者何? 廉以律身, 忠以事上, 正以處事, 恭愼以率百僚. 如是則令名[2]隨焉, 輿論歸焉, 鬼神福焉, 雖欲辭其榮不可得也. 所謂不善自修者何? 狥私³忘公, 貪無紀極⁴, 不戒覆車, 靡思報國. 如是則惡名隨焉, 衆毀歸焉, 鬼神禍焉, 雖欲避其辱亦不可得也. 於戲! 身爲宰相, 何善不可行? 何功不可立? 顧乃爲區區之利⁵, 蠱惑而妄行⁶, 豈不深可惜哉? 且自古居相位者, 未聞死於凍餓, 而死於財於酒於色於逸樂者, 無代無之. 昔諸葛孔明爲丞相二十年, 無尺寸之增於家, 未嘗憂其貧, 竟以勞於王事而卒, 至今其名之榮, 常若世享萬鍾⁷而不絶者. 唐元載⁸爲相, 惟利是嗜, 及其敗也, 籍沒⁹其家, 胡椒¹⁰八百斛, 至其名之穢, 常若蒙不潔而播臭無窮者. 嗚呼! 夫人以百年之身, 天假以年不過八十九十. 姑以八十爲率, 計其得志不過三四十年而已. 豈有三四十年之間能食胡椒八百斛之理? 古人謂利令人智昏, 玆明驗矣. 嗚呼! 凡爲相者, 能以諸葛孔明爲法, 唐之元載爲戒, 雖台鼎¹¹終身, 又何悔吝¹²之有?

---

1 適(적) 빠르다. 신속하다.

2 令名(영명) 좋은 평판, 좋은 명성.

3 狥私(순사) 사사로움을 좇다. * 狥—주창할 순.

4 紀極(기극) 일의 마지막.

5 區區之利(구구지리) 자질구레한 이익. '區區'는 '보잘 것 없는'.

6 蠱惑而妄行(고혹이망행) 좋지 못한 것에 미혹되어 망령된 행동을 하다. * 蠱—독(毒) 고.

7 萬鍾(만종) 매우 많음. '鍾'은 용량의 단위.

8 元載(원재) 자는 공보(公輔)로, 당(唐) 숙종(肅宗) 때 사람이다. 숙종(肅宗) 때 벼슬이 재상까지 이르렀으나, 탐욕과 전횡이 심했으며 뇌물을 좋아하였다. 대종(代宗)은 그의 전횡과 교만에 분노하여 그를 처형하였다.

9 籍沒(적몰) 재산을 몰수하다.

10 胡椒(호초) 후추.

11 台鼎(태정) 예전에 영의정(領議政)·좌의정(左議政)·우의정(右議政)의 세 정승을 통틀어 이르던 말이다.

12 悔吝(회린) 뉘우치다. 후회하다. * 悔—뉘우칠 회 吝—아낄 린.

현명한 자 등용하기

천자(天子)의 직무 중에 재상을 뽑는 것보다 더 중요한 것이 없고, 재상의 직무 중에 현명한 자를 등용시키는 것보다 더 중요한 것은 없다. 그렇다면 그의 현명함을 어떻게 알 수 있는가? 여러 사람에게 물어보면 알 수가 있고, 그의 행동을 살펴보면 알 수가 있고, 그가 천거하는 사람을 보면 알 수가 있다.

무릇 집을 지을 때 여러 일꾼들의 도움 없이는 목수가 아무리 뛰어나도 집을 완성할 수가 없다. 국가를 위해 여러 어진 자들을 모으지 못하면 재상과 신하에게 아무리 재능이 많아도 국가를 다스릴 수가 없다.

재상이 된 자는 흉금을 털어놓고 넓은 마음으로 사심이 없도록 하여 자기가 못하는 것이 있으면 할 수 있는 자를 천거해서 쓰고, 자기가 모르는 것이 있으면 아는 자를 천거해서 쓰고, 자기가 감히 말을 할 수 없으면 용감하게 말을 할 수 있는 자를 천거하여 쓰면, 그들이 가진 능력을 모두 다 자신이 가지게 되는 것이다.

반드시 한 몸으로 여러 사람의 일을 다 맡으려고 하는 것은 비록 대 성인(聖人) 대 현인(賢人)이라 할지라도 할 수 없는 일이다. 무릇 순백(純白)의 여우는 세상 어디에도 없지만 그러나 순백의 모피가 있는 것은 여러 마리의 털 속에서 잘 취했기 때문이다. 하물며 대신(大臣)들이 애초부터 일마다 모르는 것이 없음을 귀하게 여기지를 않는다. 마음을 공정하게 해서 시기하고 미워하는 일만 없애 버리면 지혜로운 자는 지혜로써 성과를 보여 줄 것이요 용감한 자는 힘으로써 성과를 보여 줄 것이다.

재잘재잘하는 것을 자기 재주라 여기고 말이 빠른 것을 능변(能辯)이라 여기며, 스스로 자랑하고 스스로 공적을 뽐내는 자를 현명한 사람이라면 반드시 그를 기용하는 데 기뻐하지 않을 것이다. 무릇 군주가 스스로 공적을 자랑하면 신하의 직무에 실행이 안 되는 바가 있을 것이고, 재상과 대신이 스스로 공적을 자랑하면 모든 집사들의 직무에 실행이 안 되는 바가 있게 될 것이다.

다른 사람의 위에 위치한 자는 간단명료함으로 번잡한 일들을 다스리고 정적(靜的)으로 거하면서 동적(動的)인 것을 통제하며, 마음을 비운 상태로써 천하 백성들의 마음을 응대하게 되면 명령을 받은 자는 따를 것이요 기용이 된 자는 격려를 받게 될 것이다.

만일에 그 사람의 현명함을 알고 임용은 했지만, 이미 임용은 해 놓고 의심을 하면서 그를 꺾으려고 힘을 쓴다면 오히려 알지도 못하고 임용도 하지 않고 스스로 자기 재능만 믿는 것과 무슨 차이가 있겠는가?

만일 이렇게 되면 체통도 잃게 되고 아첨하고 교활한 소인들만 모여들 것이다. 소인들과 함께 지내다 보면 천하의 일들은 어떻게 될지 말하지 않아도 알 수가 있을 것이다. 아!

用賢第二

天子之職, 莫重擇相, 宰相之職, 莫重用賢. 然則何以知其賢? 詢諸人[1]則知之, 察其行則知之, 觀其所擧則知之. 夫爲室[2]而不衆工之資, 梓人[3]雖巧, 室不能成矣. 爲國家而不衆賢之集, 相臣雖才, 國不治矣. 彼爲相者, 誠能開誠布公[4], 廓焉無我[5], 己有不能, 擧能者而用之, 己有不知, 擧知者而用之, 己有不敢言, 擧敢言者而用之, 如是則彼之所能, 皆我有矣. 必欲一身而兼衆人之事, 雖大聖大賢, 有所不能. 夫粹白[6]之狐, 舉世所無有也, 然而有粹白之裘[7]者, 善取於衆而已矣. 況大臣初不貴乎事無不知, 第公正其心, 無所娼疾[8], 則智者效謀, 勇者效力. 呫呫[9]以爲才, 捷捷[10]以爲辯, 自炫自伐[11], 則賢者必不樂爲之用. 大抵人君自伐, 則臣職有所不行, 相臣自伐, 則百執事之職有所不行. 爲人上者, 操約[12]以馭繁, 居靜以制動, 以無心而應天下之心, 則所令者從, 所庸者勸. 苟知其賢而任之, 旣任而疑之, 而務勝之, 顧[13]與不知不用, 自任其才也奚異? 若然則體統失, 而諂佞[14]之小人至矣. 與小人處, 則天下之事, 不論可知. 吁!

1 　詢諸人(순제인) 여러 사람들에게 물어보다. * 詢—물을 순.
2 　爲室(위실) 집을 짓다.
3 　梓人(재인) 목공, 목수. * 梓—가래 나무 재
4 　開誠布公(개성포공) 흉금을 털어놓다.
5 　廓焉無我(곽언무아) 널리 자신의 존재를 없애다. 즉 크게 마음을 비운다는 의미다. * 廓—둘레 곽.
6 　粹白(순백) 순수하게 하얗다. * 粹—순수할 순.
7 　裘(포) 갓옷. 여기서는 모피를 의미한다. * 裘—갓옷 구.
8 　娼疾(모질) 강샘하고 미워하다. * 娼—강샘할 모
9 　呫呫(첨첨) 재잘거리는 모양을 형용하는 말이다.
10 　捷捷(첩첩) 빠른 모양을 형용하는 말이다.
11 　自炫自伐(자현자벌) 스스로 자랑하고 스스로 공을 뽐내다. '炫'은 '자랑하다'. '伐'은 '공훈, 공적을 뽐내다'.
12 　操約(조약) 간명한 것을 손에 쥐다. 즉 간단명료함으로 조종하고 부린다는 의미다.
13 　顧(고) 오히려, 도리어.
14 　諂佞(첨녕) 알랑거리고 아첨하다. * 諂—아첨할 첨. 佞—아첨할 녕.

백성을 소중하게 여기기

무릇 듣자하니 옛날의 왕들은 사람들에게 관직을 수여할 때 절을 하였다고 한다. 가만히 생각해 보건대 만승(萬乘)의 귀한 천자가 그 백성을 위해 이와 같이 자기를 낮추었다는 것에 대해 일찍이 의심이 되어 취할 것이 못된다고 생각하였다.

뒤에 이를 생각해 보니, 나라가 창성하고 있는 이유나 사방의 오랑캐가 조용한 이유, 조정이 융성한 이유, 종묘사직에서 제사가 오랫동안 계속되고 있는 그 이유는 백성 없이는 이처럼 될 수 없을 것이라 생각되었다.

무릇 하늘은 억조(億兆)의 생명을 임금에게 부탁하였고 임금은 억조의 생명을 재상에게 부탁한 것이니, 여기서 우리는 재상이라는 자는 임금을 위하고 백성을 보호하는 사람이요, 임금이라고 하는 자는 하늘을 위하고 역대 조상을 위하고 백성을 보호하는 사람이라는 것을 알 수 있다.

하늘은 백성을 우리 조상에게 부탁하였고 조상은 백성을 나에게 부탁하였는데, 감히 존중하지 않을 수 있고 감히 신중하지 않을 수 있겠는가! 만약에 그 부탁을 받아 놓고도 그들의 삶이 순조롭고 업(業)이 안정되도록 해주지도 못하고, 한층 더 그들을 어지럽히고 학대하며 개나 돼지처럼 대하고 풀처럼 여긴다면 이는 하늘을 거역하는 일이요 조상의 명령을 어기는 일이며, 마침내는 이에 따라 자신이 나라를 죽이는 것이 되는데 그래서야 되겠는가?

저 백성 된 자들은 본래 감히 재상과 상의를 하지는 못하지만 하늘에 대한 마음이나 조상에 대한 마음에서 근심하는 마음이 없을 수 있겠는가? 일찍이 나는 백성을 사랑함에 하늘보다 더한 것이 없고 조상보다 더한 것이 없다고 말한 바 있다. 하늘이 백성을 낳아 기르는 것도 어렵지만 조상이 백성을 얻기란 더욱 어려운 것이다.

왕은 이 같은 이치를 잘 알았기에 위엄으로 지금까지 민생을 중요하게 여기지 않은 적이 없었으며, 해를 끼친다는 소식을 들으면 곧 그것을 제거하고 유익한 것을 보면 곧 그 일을 시작하였으며, 지방의 관리(官吏)가 인간답지 못하면 곧 그 자리에 두지 않았다.

오늘날 매를 길들이는 응사(鷹師)와 말을 돌보는 사육사가 관장하는 것들은 임금에게 딸린 하나의 물건에 불과한데도 사람들은 오히려 내시로서 그들을 중히 여기고, 자사(刺史)와 현령(縣令)은 조상을 위하고 국가를 위해 백성들을 목양(牧養)하는 사람임에도 오히려 반대로 절실하게 여기지를 않고 함부로 생각하고 있으니, 이는 백성을 사랑함이 매와 개만도 못하고 조상과 국가로부터 백성을 부탁받은 자가 오히려 내시보다 못한 것이 되니 어찌 앞뒤가 바뀌어 체통을 잃은 일이 아닌가?

무릇 아랫사람이 하는 일이란 오직 윗사람의 이런 점만 보고 있는 것이다. 위에 있는 자가 진심으로 백성을 소중하게 여기는 마음을 가지고 있는데도 그럼에도 천하가 잘 다스려지지 않은 적은 옛날이나 지금이나 없었다.

重民第三

蓋聞古之王者, 授版[1]則拜. 竊意[2]萬乘[3]之尊, 爲其民貶抑[4]若是, 嘗疑焉而不取. 旣而思之, 國之所以昌, 四夷之所以靖, 朝廷之所以隆, 宗廟社稷所以血食[5]悠久者, 微民[6]不能爾也. 夫天以億兆之命託之君, 君以億兆之命託之相, 是知相也者爲君保民者也, 君也者, 爲天爲祖宗保民者也. 天以是託我祖宗, 祖宗以是託我, 敢不敬與, 敢不愼與! 苟受其託而不能使之遂生安業[7], 乃從而擾之, 虐之, 犬彘[8]之, 草菅[9]之, 則是逆天而違祖宗之命, 以自戕其國也, 而可乎? 彼爲民者, 固不敢與校, 然於天之心, 於祖宗之心, 其能無所戚歟? 嘗謂愛民者無過於天, 無過於祖宗. 天生之難, 祖宗得之爲尤難. 王者知其如是, 凜凜焉[10]未嘗不以民生爲重, 聞其害則除之, 睹其利則擧之, 牧守非其人則勿置之. 今夫鷹師圉人[11]所掌者, 不過人主服御[12]之一物, 而人尙以內侍重之, 刺史縣令, 乃爲祖宗爲國家牧養斯民者, 反視爲不切而漫畀[13]之, 是愛民不如鷹犬, 受祖宗國家一方生靈[14]之寄者, 反不如內侍, 豈不顚倒失體[15]哉? 大抵下之所以爲, 惟上是視. 在上者誠有重民之心, 而天下不治者, 古今無有也.

---

1 授版(수판) 판을 수여하다. '版'은 '수판(手板), 홀(笏)'을 말하지만, 여기서는 '관직'을 의미한다.
2 竊意(절의) 속으로 생각하다. '竊'은 '몰래, 속으로'.
3 萬乘(만승) 만승. 1만 채의 병거(兵車). 천자(天子) 또는 천자의 자리.
4 貶抑(폄억) 누르다, 얕잡다. * 貶–떨어뜨릴 폄. 抑–누를 억.
5 血食(혈식) 나라의 의식으로 제사를 지냄. 나라를 보존하다.
6 微民(미민) 백성이 없다. '微'는 '적다, 없다'.
7 遂生安業(수생안업) 삶을 이루고 업(業)을 안정시키다.
8 犬彘(견체) 개와 돼지. * 彘–돼지 체.
9 草菅(초관) 풀. * 菅–골풀 관.
10 凜凜焉(늠름언) 늠름하다.
11 鷹師圉人(응사어인) 매를 길들이는 사람과 말을 관리하는 사람. * 鷹–매 응. 圉–마부 어.
12 服御(복어) 임금의 의복이나 수레 따위를 통틀어 이르는 말로, 임금에게 딸린 것을 의미한다.
13 漫畀(만비) 함부로 하다. '漫'은 '함부로, 부질없이'. '畀'는 '주다, 대우하다'. * 漫–질펀할 만. 畀–줄 비.
14 生靈(생령) 백성. 생명이 있는 사물, 사람들.
15 顚倒失體(전도실체) 앞뒤가 바뀌어 체면을 잃다.

먼 장래 생각하기

천하의 일이란 이미 일어났던 일은 알 수 있지만 장차 일어나게 될 일은 알 수 없다는 것, 보통 사람들이 다 그렇다. 이미 일어났던 일에 근거하여 장차 일이 일어날지 안 일어날지를 헤아려 아는 것은 깊은 식견과 먼 장래를 생각하는 사람이 아니면 불가능한 일이다.

집이 이미 불타 버렸는데 땔나무를 옮겨 간다든지, 배가 이미 빠져 버렸는데 물 퍼는 표주박을 사 온다든지, 병이 이미 났는데 뜸을 뜰 쑥을 구해 오는 등등은 비록 그것을 위해 노력은 다했지만 손을 쓸 수가 없는 것이다.

지금 높다란 제방에 개미가 들어갈 만한 굴이 하나 있다면 마땅히 훼손될 것이 없는 것처럼 보일 것이다. 그러나 식견이 주도면밀한 자는 반드시 막아서 구멍을 메울 것이다. 이는 오래되면 분명히 무너지게 될 것이라는 것을 염려하기 때문이다. 천하의 일들을 모두 이렇게 염려하면 역시 무슨 후환이 있겠는가?

무릇 자고이래로 나라가 잘 다스려지지 않는 이유와 신하가 법도를 준수하지 않는 까닭은 본래 일조일석에 쌓여서 그렇게 된 것이 아니다. 분명컨대 오늘 어떤 일을 약간 잘못해도 간하지 않고 다음날 어떤 사람이 사소한 죄를 지어도 징계를 하지 않으면, 날이 가고 달이 가다 보면 자기는 그 화란(禍亂)이 생긴 이유를 알지 못하게 되는 것이다. 그래서 신하는 군주를 모심에 있어서 좋은 것은 권하고 아닌 것은 바꾸도록 하여 감히 털끝만큼이라도 임시방편을 취하려는 마음이 생기지 않도록 해야 한다.

처음에는 손상될 것도 없다 생각되지만 마침내는 아주 큰 손상을 입게 되고, 처음에는 족히 염려될 것도 아니라 생각되지만 마침내는 아주 걱정거리가 되는 것이다. 오직 군자만이 작은 기미를 보고도 크게 드러나게 될 것을 알아내고 우환을 생각하고 그것을 예방할 수 있는 것이다. 즉 주연(酒宴)에 있어서는 돌아가는 것을 잃지 않도록 예방하고, 사냥을 함에서는 너무 제멋대로 하는 것을 예방하고, 건물을 지을 때는 규제하는 바를 넘지 않도록 예방하고, 재화에 있어서는 백성들에게 손해되는 것을 예방하고, 벼슬과 상에 있어서는 분수에 넘치지 않도록 예방하고, 형법에 있어서는 함부로 죽이지 않도록 예방하고, 군자에 있어서는 소원해지지 않도록 예방하고, 소인에 있어서는 경박하게 장난치지 않도록 예방하고, 의견을 듣고 문서를 보는 데 있어서는 간사함이 용납되지 않도록 예방하고, 정벌을 함에 있어서는 무력을 남용하지 않도록 예방해야 한다는 것이다.

무릇 임금이 신하에게 있어서도 역시 먼 장래를 염려해야 함이 마땅하니, 비록 총애한다 할지라도 너무 과분한 상을 내려서는 안 되고 오랫동안 지내오던 자라 할지라도 근거 없는 관직을 주어서도 안 되며, 비록 친하다 할지라도 모독적인 말을 해서는 안 되는 것이다.

무릇 높고 낮음에 대한 구분이 엄격하면 상하 간의 체제가 안정되고 상하 간의 체제가 안정되면 화란(禍亂)이 생기지 않게 되며, 천하의 일들은 차례차례 잘 다스려지게 될 것이다.

遠慮第四

天下之事, 知其已然不知其將然者, 衆人也. 因其已然而將然未然, 逆而知之, 非深識遠慮者不能. 室已焚而徙薪, 舟已溺而市壺[1], 疾已成而求艾, 雖殫力[2]爲之無及[3]矣. 今夫隆然之堤, 有容蟻之穴[4], 宜若無所損. 然周於識者,必塞而實之, 慮其久而必底於訌潰[5]故也. 天下之事, 皆能如是慮之, 尙何後患之有哉? 大抵自古國家之所以不治, 臣子之所以不軌[6], 固非一朝一夕之積. 良由今日以某事爲小過而不諫, 明日以某人爲小罪而不懲, 日引月深, 不自知其禍亂之成也. 故臣之於君, 獻可替否[7], 不敢萌一毫姑息之心[8]. 始以爲無傷, 卒至大可傷, 始以爲不足慮, 卒至深可慮. 惟君子爲能見微知著, 思患而預防之. 於飮宴則防流連[9], 於田獵則防荒縱[10], 於營繕[11]則防踰制, 於貨財則防損民, 於爵賞則防僭及[12], 於刑法則防濫殺, 於君子則防疏遠, 於小人則防玩狎[13], 於聽覽則防容奸, 於征伐則防黷武[14]. 夫君之於臣, 亦有所當遠慮者, 雖愛而不錫以過分之賞, 雖舊而不授以非據之官, 雖親而不交以褻瀆之談[15]. 蓋尊卑之分嚴, 則上下之體定, 上下之體定, 則禍亂無自而生, 天下之事, 可次第而治矣.

---

1 市壺(시호) 표주박을 사오다. '市'는 '사다'. '壺'는 '표주박'.
2 殫力(탄력) 힘을 다하다. 최선을 다하다. * 殫-다할 탄.
3 無及(무급) 미치지 못하다. 손쓸 수가 없다. ~할 수 없다.
4 容蟻之穴(용의지혈) 개미를 용납할 수 있는 굴. 개미가 들어갈 수 있는 굴.
5 底於訌潰(저어홍궤) 무너짐에 이르다. 무너지다. '底'는 '이르다'. '訌潰'는 '무너지다'. * 訌-무너질 홍. 潰-무너질 궤.
6 不軌(불궤) 법도를 지키지 않다. '軌'는 '길, 법도'.
7 獻可替否(헌가체부) 옳은 것을 바치고 아닌 것은 버리다. 즉, 선을 권장하고 잘못을 바로잡는다는 뜻이다. 여기서는 신하가 임금을 보좌하는 것을 의미한다.
8 姑息之心(고식지심) 임시방편을 취하려는 마음. '姑息'은 '잠시 숨을 쉰다'는 뜻으로, 일을 근본적으로 해결하지 않고 임시로 둘러맞추는 식으로 처리하여 당장에는 탈이 없고 편안함을 비유적으로 이르는 말이다.
9 流連(유련) 유락에 빠져 귀가하는 것을 잊다. 한 곳에 머물며 떠나기를 싫어하다.
10 荒縱(황종) 거칠게 멋대로 하다.

11 營繕(영선) 건축물을 짓거나 수리하다. * 營―경영할 영. 繕―기울 선.
12 僭及(참급) 분수에 어긋나다. '僭'은 '참람하다, 분수에 지나치게 행동하다'.
13 玩狎(완압) 경박하게 장난치다. 시시덕거리며 놀다. * 狎―익숙할 압.
14 黷武(독무) 무력을 남용하다. * 黷―더럽힐 독.
15 褻瀆之談(설독지담) 모독적인 말. * 褻―더러울 설. 瀆―도랑 독.

변화에 조화롭게 대처하기

사람들이 다 말하기를, "음양을 조화롭게 하는 것은 재상의 일이다."라고 하였다. 그러나 온 세상은 그저 이렇게 말할 줄만 알고 결국 음양을 어떤 방법으로 어떻게 조화시키느냐에 대해서는 알지 못한다. ≪서경(書經)≫의 〈주관(周官)〉에 보면 "삼공(三公)은 도를 논하고 나라를 다스리며 음양을 조화롭게 한다."라고 하였다. 무릇 주 대(周代)의 삼공(三公)은 곧 지금의 재상이다. 그리고 한 대(漢代)의 승상 진평(陳平)도 말하기를, "재상은 위로는 천자를 보좌하고 음양을 다스리며 네 계절에 순응한다."라고 하였다. 그 후에 재앙이나 이변이 일어나면 삼공(三公)을 면직시키는 제도도 있었는데, 세속에서 하는 말들은 대개 여기에 그 뿌리를 두고 있을 것이다.

일찍이 이렇게 생각해 본 것으로써, 재상이 조화롭게 한다는 것은 가뭄 때비가 오도록 하거나 장마 때 볕이 나도록 할 수 있는 것이 아니라, 그 핵심은 사람의 할 일을 다함으로써 천지를 조화롭게 하는 것 그 이상도 아닐 뿐이라는 것이다.

무릇 하늘은 사람과 판이하게 다른 것 같지만 실상은 겉과 속이 같아서 정사(政事)가 순조로우면 민심도 순하고, 민심이 순하면 천지의 자연현상도 순하며, 천지의 자연현상이 순하면 음양도 이에 따라 질서정연해진다는 것이다.

만약에 세력을 믿고 위엄을 부리며 권력을 끼고 마음대로 욕망을 채우며, 자기와 뜻이 다른 사람을 미워하고, 아첨하고 간신배 같은 자와 친하게 지내며, 언급이 되어야 할 말은 말하지 않고 도움을 받아야 할 것은 도와주지 않으며, 상하가 서로 속이면서 오직 명령에 따르는 것만 힘을 쓴다면, 이와 같은 방식으로 민심이 순하고 음양의 자연현상이 조화를 이룰 수 있기를 바란다는 것은 힘든 일이다.

대개 천도(天道)의 재앙과 길상은 민심의 고락(苦樂)을 보여 주고 민심의 고락은 정사(政事)의 실(失)과 득(得)을 보여 주며 정사의 실과 득은 재상의 현명함과 현명치 못함을 보여 준다.

옛날에 병길(丙吉)이란 자는 죽은 사람은 내버려 두고 소가 숨을 헐떡이는 것에 대해 물어본 것을 스스로 잘했다고 여겼지만, 이는 오히려 천도(天道)의 역(逆)과 순(順)을 모르는 것으로, 마땅히 정사(政事) 측면에서 이를 보자면 원래 구구하게 한 마리 소가 숨을 거칠게 쉬느냐 아니냐에 있었던 것이 아니다.

진(晉)나라의 유빙(庾冰)이 재상일 때 혹자가 말하기를 천문(天文)의 운행이 도(度)에 어긋나고 있으니 마땅히 막을 도리를 다해야 한다고 하였다. 이에 유빙이 말하기를, "하늘의 현상을 내가 어찌 측량할 수 있겠는가? 당장 지금은 사람이 해야 할 일이나 열심히 하는 것이다."라고 하였다. 유빙의 이 말은 참으로 간명하면서도 정곡을 찌른 것으로 진정 재상 직무의 핵심을 잘 파악하고 있었던 것이다.

만약에 정사(政事)가 잘 다스려진다면 비록 음양의 조화가 서로 상응하지 않는다 하더라도 이는 천도(天道)의 변화라 할 것이니 어찌 불만을 가지겠는가? 만일에 정사(政事)가 어지럽고 분란이 있어서 잘 다스려지지 않는다면 비록 길조와 상서로움이 모여들고 비와 바람이 때를 맞춰 준다 할지라도 감히 잘 다스려지고 있다고 할 수 있겠는가?

그렇다. 무릇 재상 된 자들이 진실로 이런 식으로 정치를 구한다면 하늘과 사람의 이치는 분명해질 것이다.

調變第五

人皆曰,「燮理¹陰陽, 爲宰相事.」然擧世第能道其辭, 迄²不知陰陽何術可以變理. 按『書·周官』,「三公³論道經邦, 燮理陰陽.」蓋周之三公, 卽今宰輔. 而漢丞相平⁴亦曰,「宰相上佐天子, 理陰陽, 順四時.」厥後又有災異免三公之制. 世俗所云, 蓋本諸此. 切嘗卽是以思, 宰相所以調變者, 非能旱焉而使之雨, 雨焉而使之暘, 要不越盡人事以來天地之和而已矣. 夫天之與人, 若判然⁵而實相表裏, 蓋政事順則民心順, 民心順則天地之氣順, 天地之氣順, 則陰陽從而序矣. 若乃怙勢立威⁶, 挾權縱欲⁷, 惡人異己, 諂佞是親, 於所言者不言, 於所救者不救, 上下相蒙⁸, 惟務從命, 如此, 欲望民心順, 陰陽之氣和, 難矣. 大抵天道之災祥, 視民心之苦樂, 民心之苦樂, 視政事之失得, 政事之失得, 視宰相之賢與不賢. 昔丙吉⁹舍死人問牛喘, 自以爲得體, 殊不知天道逆順, 當於政事觀之, 固不在區區一牛之喘與否也. 晉庚冰¹⁰爲相, 或謂天文錯度, 宜盡消禦之道¹¹. 冰曰,「元象¹²豈吾所測, 正當勤盡人事.」冰之此言, 可謂簡明切要, 深得宰相之體者矣. 苟政事脩整, 雖陰陽之和不應, 乃天道之變也, 又何慊焉? 苟政事龐焉棼焉¹³而不理, 雖禎祥集而風雨時若, 顧敢以爲治乎? 嗚呼! 凡爲相者, 誠能以是求之, 則天人之理瞭然矣.

1　燮理(변리) 조화롭게 하다.
2　迄(흘) 결국. * 迄-이를 흘.
3　三公(삼공) 삼공의 임무는 군왕을 보좌하여 도를 논함으로써 국사를 책임지고 음양을 조화롭게 하는 것이었다.

4 平(평) 한 대(漢代) 승상 진평(陳平).

5 判然(판연) 분명하게, 판연하게, 뚜렷하게.

6 怙勢立威(호세립위) 세력을 믿고 위엄을 부리다. * 怙—믿을 호.

7 挾權縱欲(협권종욕) 권력을 끼고 욕심을 마음대로 하다. * 挾—낄 협. 縱—늘어질 종.

8 相蒙(상몽) 서로 속이다.

9 丙吉(병길) 전한(前漢)시기 노국(魯國) 사람. 자는 소향(少鄉)이고 시호는 정(定)이다. 선제(宣帝) 때 승상을 지냈다. 한 번은 길에서 무리들이 싸움을 해서 사상자들이 생겼지만 병길은 물어보지도 않고 지나쳤다. 좀 더 가다가 소가 숨을 헐떡거리며 혀를 내 놓고 있는 것을 보자, 말 부리는 관리에게 소를 끌고 몇 리를 왔느냐고 물어보라고 했다. 사람은 묻지 않고 소는 물어보는 것은 앞뒤가 전도되었다고 생각한 관리가 그 이유를 물었다. "사람들 싸움은 장안령(長安令)이나 경조윤(京兆尹)의 책무다. 재상은 사소한 일에 관여하지 않는 것이다. 그러나 소양(少陽)의 기(氣)가 발동해야 할 봄에 소가 헐떡이는 것은 시후(時候)가 계절을 벗어난 일로, 사람이 상하고 해로운 것이 있을 수 있기 때문이다. 삼공(三公)은 음양을 조화시키는 일을 맡았으니 그 직책을 근심해야 한다."라고 대답했다. ≪한서(漢書)≫ 〈본전(本傳)〉에 전한다.

10 庾冰(유빙) 진(晉)나라 성제(成帝) 때 중서감(中書監)을 지냈는데, 자는 계견(季堅)이다. 현명한 인재를 중시했던 자로 현명했던 재상이라고 칭송되고 있다.

11 消禦之道(소어지도) 제거하는 방법. '消禦'는 '막다, 제거하다'. * 消—사라질 소. 禦—막을 어

12 元象(원상) 천상(天象). 즉 해와 달과 별이 하늘에서 운행되는 현상.

13 龐焉棼焉(방언분언) 어지럽고 분란스럽다. * 龐—클 방. 棼—마룻대 분.

원망 떠맡기

무릇 신하된 자가 오직 명예만 취하려 하고 감히 원망을 떠맡지 않으려고 한다면 이는 불충(不忠)이 대단히 심한 것이다. 조정(朝廷)의 높은 자리에서 모든 일을 할 때는 오로지 의(義)에 근거하여 그것들을 처리해야 한다. 만약에 의(義)를 잃지 않는다면 근거 없이 전해지는 말들을 어찌 걱정할 것이 있겠는가?

지금 양쪽 군대가 서로 교전을 함에 무기가 앞쪽에 빽빽하게 늘어서 있는데도 성심으로 나라에 보답하고자 하는 자는 오히려 이를 무릅쓰고 죽음도 돌아보지 않는데, 무릇 정사(政事)에 임하는 모습은 적군을 대하는 모습과 그 안위(安危)와 이해(利害) 면에서 하늘과 땅만큼이나 서로 거리가 머니, 이는 역시 죽음을 돌아보고 소중하게 여기기 때문이다. 이렇게 되면 죽을 가능성은 많고 살 수 있는 희망이 적을 때에는 어찌 해야 할지를 모르게 될 것이다.

옛날에 범문정공(范文正公)은 각 노(路)에서 근무하는 감사(監司)가 사람답지 못할까 근심이 되어, 선발 서류를 보면서 부적격자가 있으면 그때마다 붓으로 표시를 해 놓았다. 이에 혹자가 말하기를, "한 번 표시한 것으로 한 사람을 내치면 일가족이 울게 된다."라고 하자, 공이 말하기를, "일가족이 울 것이라 하지만 그럼 한 노(路)에 사는 백성들은 어떻게 할 것인가?"라고 하였다. 그렇다. 이와 같이 마음을 쓰는 것 이것이 곧 재상의 직무를 저버리지 않는 것이다.

무릇 천하의 일들 중에는 쉬운 것도 있고 어려운 것도 있으며 유익한 것도 있고 손해되는 것도 있지만, 어렵고 자기에게 손해되는 일은 사람들이 대부분 거절하고 피하며 자기에게 유익하고 행하기 쉬운 일은 사람들이 대부분 기쁜 마음으로 이를 행한다.

관청에는 장(長)과 보좌의 구분이 있고 몸에는 힘을 쓰는 부위와 편안하게 있는 부위의 차이가 있으니, 장(長)은 좀 편안하고 보좌는 좀 수고롭다는 것, 이는 세상의 대의(大義)라는 사실을 사람들은 전혀 알지 못한다. 조정을 놓고 말하자면 임금은 좀 편안하고 신하는 좀 수고로우며, 가정을 놓고 말하자면 부모는 좀 편안하고 자녀들은 좀 수고롭고, 몸을 놓고 말하자면 머리와 눈은 좀 편안하고 손과 발은 좀 수고롭다는 말이다.

그렇다. 사람이 이런 점을 안다면 임금이나 부모에게 근심을 끼치거나 그 장(長)을 백성들의 원망 속에다 놓아두면 절대 안 된다는 것이다.

근대 위정자들을 보면 왕왕 일은 임시방편으로 하면서 또 명예는 좋아하여 한 번이라도 사람들에게 말을 격하게 하거나 굳은 표정을 짓는 그런 일은 감히 하지 않으려 하고, 일 중에 혹시 사람들의 감정을 자극하는 일이 있으면 이런 일은 자기 옆에 있는 자들에게 말을 하도록 시킨다.

그렇다. 가정을 다스린다면서 부모에게 수고로움을 맡게 하고 나라를 위한다면서 임금이나 장(長)에게 그 원망을 맡게 한다면, 그러고도 충성을 하고 효도를 한다고 할 수 있겠는가? 하물며 죄가 있어도 책임을 묻지 않고 훌륭한 일을 했어도 공덕을 표창하지 않는다면 비록 하(夏)·은(殷)·주(周)와 같은 3대의 시대에도 능히 다스릴 수가 없었을 것이다. 그래서 형벌을 쓰는 일로 걱정하지 말고 그 형벌을 실행하되 공정하지 못할까를 걱정해야 할 것이다.

옛날에 환공(桓公)은 백씨(伯氏)의 변읍(騈邑) 300가구를 빼앗았으나 백씨는 늙어 죽을 때까지도 원망의 말이 없었고, 제갈공명(諸葛孔明)은 요립

(廖立)을 파면시켰으나 요립은 제갈공명이 죽었다는 소식을 듣고 곧바로 통곡하며 눈물을 흘렸으니, 재상된 자가 참으로 그 마음을 이와 같이 할 수 있다면 천하에 복종하지 않을 자가 없을 것이다.

任怨第六

夫爲人臣惟欲取名, 而不敢任怨, 此不忠之尤者也. 居廟堂[1]之上, 凡有所爲惟當揆之以義[2]. 義苟不失, 悠悠之言[3]奚恤哉! 今夫兩軍之交, 兵刃叢前[4], 而心誠報國者, 尙冒之而不顧, 夫臨政之與臨敵, 其安危利害相距霄壤[5], 此猶顧惜, 抑不知於萬死一生[6]之際爲何如? 昔范文正公[7]患諸路監司[8]非人, 視選簿有不可者輒筆勾之. 或謂, 「一筆退一人, 則是一家哭矣.」 公曰, 「一家哭, 其如一路何?」 嗚呼! 如是處心, 斯不負宰相之職矣. 大抵天下之事, 有易有難, 有利有害, 難而有害者人多辭避, 利而易行者人多忻然以爲[9]. 殊不知官有長佐之分, 體有勞逸之殊, 長者逸而佐者勞, 此天地之大義也. 以朝廷言之, 君上逸而臣下勞, 以一家言之, 父母逸而子弟勞, 以一身言之, 頭目逸而手足勞. 嗚呼! 人而知此者, 必不遺君父以憂, 措其長於衆怨之地矣. 近代爲執政者, 往往姑息好名, 一疾言厲色[10]不敢加於人, 事或犯衆激, 使居己之右者發之. 嗚呼! 夫治家而使父母任其勞, 爲國家而使君長任其怨, 尙得爲忠孝乎哉! 況有罪不責, 有善不旌[11], 雖三代[12]不能爲治. 故刑罰不患於用, 直患乎用之而不公. 昔桓公[13]奪伯氏[14]駢邑三百, 沒齒[15]而無怨言, 諸葛孔明廢廖立[16], 而立聞亮死輒泣下, 爲宰相誠能公其心如是, 則天下蔑有不服者矣.

1 廟堂(묘당) 조정(朝廷), 종묘(宗廟).

2 揆之以義(규지이의) 의로써 그것을 처리하다. '揆'는 '헤아리다, 법으로 삼다'.

3 悠悠之言(유유지언) 근거없이 전해지는 말.

4 兵刃叢前(병인총전) 병기들이 앞에 촘촘하게 놓였다.

5 相距霄壤(상거소양) 서로 간의 거리가 하늘과 땅과 같다. * 距—떨어질 거. 霄—하늘 소. 壤—흙 양.

6 萬死一生(만사일생) 죽을 가능성은 대단히 많고, 살 수 있는 희망은 극히 적다.

7 范文正公(범문정공) 즉 범중엄(范仲淹)을 말한다. 그는 송(宋) 인종(仁宗) 때 벼슬이 참지정사(參知政事)까지 올랐던 자다.

8 諸路監司(제로감사) 각 로(老)의 감사(監司). '路'는 송원(宋元) 시대의 행정구획으로, 현재의 성(省)에 해당한다.

9 忻然以爲(흔연이위) 흔연하게 행하다. * 忻—기쁠 흔.

10 疾言厲色(질언려색) 격한 말과 굳은 표정.

11 有善不旌(유선불정) 선(善)이 있는데 표창하지 않다. '旌'은 원래 오색 깃발을 깃대 끝에 드리워 꾸민 깃발을 말하지만, 여기서는 '공덕을 표창하다'는 의미다.

12 三代(삼대) 즉, 하(夏)·은(殷)·주(周)를 말한다.

13 桓公(환공) 중국 춘추시대 제(齊)나라의 군주(BC685-643 재위)다.

14 伯氏(백씨) 제(齊)나라 대부(大夫)로, 제(齊)나라 환공(桓公) 때 관중(管仲)이 백씨의 변읍 300가구의 봉지(封地)를 빼앗았다. 그러나 백씨는 평생 원망 한 마디 하지 않았다고 한다. ≪논어(論語)≫ 〈헌문(憲問)〉 편에 그런 기록이 보인다.

15 沒齒(몰치) 치아가 없어지다. '살아가는 평생 동안, 죽을 때까지'란 의미로 쓰인다.

16 廖立(요립) 중국 삼국시대(三國時代) 촉한(蜀漢)의 신하로 자(字)는 공연(公淵)이다. 유비(劉備)가 형주(荊州)를 점령했을 때 장사태수(長沙太守)로 임명되었다. 유선(劉禪)이 즉위하였을 때 장수교위(長水校尉)로 임명되었으나 뒤에 조정을 비판하였다가 유배를 당했다. 유배지에서 농사로 생계를 유지하다가 제갈량(諸葛亮)이 죽자 슬퍼하며 관직에 재임용될 희망을 버렸다.

비방 나누기

무릇 동일한 관서(官署)에서 함께 일을 할 때 한 사람이 노력해서 앞으로 나아가면 나머지는 모두 서로 도와 그 뜻을 이룰 수 있도록 해 줘야 한다. 만약 그 사람은 앞으로 나아가는데 나는 뒤로 물러서고, 그 사람은 행하는데 나는 중지를 하는 것과 같이, 일을 추진함에 서로 따라 주지 아니하고 말을 함에 서로 통하지 않으면 공훈과 업적을 이룰 수 있는 자 몇 명이나 되겠는가? 이것이 곧 옛사람이 수레를 밀고 배를 같이 타고 가는 것을 비유한 이유다.

배를 함께 타고 강을 건너가다가 한 사람이 물에 빠지면 배에 타고 있던 모든 사람들은 관계가 멀고 가까운 것에 관계없이 다 함께 힘을 합쳐 그 사람을 구조해 내는데 이는 현명한 사람이든 현명하지 못한 사람이든 모두가 다 아는 사실이다. 하물며 함께 신하된 자로서 함께 천하와 국가로부터 의탁을 받은 자로서 어느 한 사람이 화를 당한 모습을 앉아서 보고만 있을 뿐 구제하지 않을 수 있겠는가?

만일에 그 사람이 개인의 사익(私益)을 위해서 스스로 그런 슬픔을 초래한 것이라면 굳이 불쌍히 여길 필요는 없을 것이다. 그 사람이 혹 잘못을 알면 말을 하지 않음이 없고, 말을 하면 다 하지 않음이 없으며, 공적인 사무를 행할 때 대단히 공정하고 지극히 올바른 태도로 일을 처리하고, 그 사람이 자기 자신을 위하고 자기 가정을 위해서 지은 죄가 아니라면 같은 벼슬을 하는 자들이 어찌 당당하게 나아가 그와 더불어 어려움을 함께 하지 않겠는가?

무릇 어떤 한 사람이 불행하게 죄를 지었을 경우 장(長)이 된 자가 만약에 "이는 나의 죄다!"라고 말하고, 제2인자 되는 사람 역시, "이는 나의 죄다!"라고 하면서 모든 관공서 사람들이 다 함께 다투어 자기 죄라고 나선다면 그 죄를 지은 사람은 비록 석방은 되지 않는다 할지라도 반드시 중죄로 다뤄지는 지경까지 이르지는 않을 것이다.

옛날에 간언을 하는데 과감했던 자가 자기 의견이 받아들여지지 않으면 극단적으로 말하기를, "이 사람을 죽이는 것보다 차라리 소신(小臣)을 죽이는 것이 더 낫겠다."라고 하였다. 하물며 이런 식으로까지 재난에서 구해 낼 방법을 찾고자 했는데 동료 관료가 억울함을 억누르고 참고 있는데 앉아서 보기만 할 뿐 살피지 않을 수 있겠는가?

그렇다. 비방은 나누어지고 허물은 자기 것으로 돌리는 일을 재상 된 자가 지금 힘써 행할 수 있다면 장차 사대부(士大夫)의 명예와 절조는 더욱 힘을 받게 될 것이고 민간의 야박했던 풍속은 돈후하게 될 것이며, 국가는 훗날 정의를 소중하게 여기고 절조를 위해 목숨 바치는 사람이 없을까 염려할 필요가 더 이상 없게 될 것이다. 한 가지 일의 실행이 이처럼 연계가 되어 있으니 원망을 떠맡고 비방을 나누는 일이 재상의 자질구레한 행위라고 그 누가 말할 수 있겠는가?

分謗第七

夫共署聯事[1], 一人努力而前, 則餘者皆當輔相以成其志. 苟彼前我却, 彼行我止, 動焉而不相隨, 語焉而不相應, 則事功之成者能幾? 此古人所以有推車同舟之喩也. 其或共舟以濟, 而一人溺焉, 則凡在舟者, 無論疏戚, 所宜幷力以救之, 此賢不肖之所共知也. 況同爲臣子, 同受天下國家之寄者, 可坐視一人被禍而不恤哉? 使其爲一己之私, 自貽伊戚[2], 固無足恤. 其或知無不言, 言無不盡, 公家之務, 一以大公至正處之, 彼非爲己爲家而得罪, 則凡同官者安得不挺身而前, 與之共難也哉? 大抵一人不幸而得罪, 爲長者若曰, 「此我之罪!」爲貳者亦曰, 「此我之罪!」使闔堂之人[3]皆爭引爲己罪, 則彼獲罪者雖不能釋, 亦必不至於重論矣. 古之敢於諫爭者, 其遇不見聽納[4], 至謂, 「與其殺此人, 不若殺臣!」尙爲如此求解[5], 其肯坐視同官寃抑而不省哉? 嗚呼! 使分謗引咎[6]之事, 爲宰相者誠能力行於今, 將見士大夫之名節愈厲[7], 民間之薄俗可敦, 而國家他日亦不患其無仗義死節[8]之士矣. 一事之行, 所繫如此, 孰謂任怨分謗爲宰相細行哉!

---

1   聯事(연사) 일을 연계하다. 같은 일을 하다.

2   自貽伊戚(자이이척) 스스로가 그 슬픔을 초래하다. *貽-끼칠 이, 伊-저 이.

3   闔堂之人(합당지인) 모든 당(堂)의 사람. 여기서 '堂'은 '관서(官署)'를 말한다. '闔'은 '모든'. * 闔-문짝 합, 온 합.

4   不見聽納(불견청납) 받아들여지지 않다. '見'은 수동을 나타내어 '~되다, 당하다'.

5   求解(구해) 재난에서 구해 낼 방법을 찾다.

6   分謗引咎(분방인구) 비방을 나누고 허물을 끌고 오다. 즉 남을 비방하는 것은 내가 함께 나누어 짊어지고 잘못에 대해서는 내가 나서서 책임을 진다는 의미다.

7   名節愈厲(명절유려) 명예와 절조가 더욱 강해지다. * 愈-나을 유. 厲-갈 려.

8   仗義死節(장의사절) 정의를 좇아 행동하고 절조를 지키고자 목숨을 바치다.

돌변에 대응하기

일이 발생할 때는 정상적인 것도 있고 돌변적인 것도 있다. 정상적인 것은 보통 사람이 그것을 처리해도 여유롭게 할 수 있지만 돌변적인 것은 비록 최고의 지혜를 가진 자라도 역시 힘이 부족할 수 있다. 주연을 베풀고 있는데 갑자기 전쟁 소식이 보고되고, 별안간 적들이 쳐들어온다는 소식을 들으면 얼른 그 허실을 상세히 파악하고, 그것이 역리(逆理)인지 순리(順理)인지를 헤아려 보아야 한다.

그 말을 들은 즉시 황급히 서둘러 변고를 보고하고, 수많은 사람들을 징집시키는 등 아직 적(敵)도 보지 않은 상태에서 먼저 스스로 우왕좌왕해서는 절대 안 될 것이다. 일은 원래 허장성세로 실제 사정을 알아내고, 틈이 있는 기회를 타고 이익을 취하며, 미미한 일을 전파하여 큰일을 이루고, 무형으로 유형을 만들어 내기도 하기 때문에, 시비(是非)가 의심된다 싶을 때는 반드시 자세하게 살펴보지 않으면 안 되는 것이다.

만약에 그 나라에 아주 간사한 자가 있고 경내에 큰 적이 있게 되면 그곳은 이미 비상이 걸린 상태이므로 나도 비상한 계획으로 그것에 준비를 해야할 것이다. 만일 글에만 빠져 있고 경전만 고수하다 보면 결국에는 걸핏하면 장애가 생기게 되고 일 역시 성공할 수가 없게 될 것이다.

그래서 옛사람들은 이런 경우를 당하면 임기응변으로 재능을 활용하고 마땅한 원칙에 따라 그 변화를 다스렸으니, 마치 쟁반에 구슬이 굴러도 쟁반 밖으로 나가지 않는 것처럼 하였고 물이 굽이쳐 바다로 흘러가도 바다에서 배리되지 않는 것처럼 하였다.

왕상(王商)이 큰 홍수가 났다는 말을 들었을 때 임금과 신하들은 모두

놀랐지만 왕상은 혼자 그런 일이 없을 것이라 믿었다. 환온(桓溫)이 장차 진(晉)의 왕위를 찬탈하려고 했을 때 왕탄지(王坦之)와 사안(謝安)을 주살할 것이라고 소문을 퍼뜨렸지만 사안은 온화한 얼굴로 웃으면서 이야기를 함으로써 그의 예봉을 꺾어 놓았다.

회걸(回紇)과 토번(吐蕃)이 경양(涇陽)에서 군사를 회합시켰을 때 곽자의(郭子儀)는 홀로 말을 타고 가서 그들을 타일렀던 것이다. 무릇 재상이라는 사람은 일상적이지 않은 특별한 일을 맡은 사람이다. 특별한 임무를 맡은 위치에 있으면서 홀로 특별한 일을 할 수 없다고 한다면 옳은 일인가?

그래서 선배는 말하기를, "큰일을 진정시키는 것은 지극히 공정하고 지극히 정성스럽지 않으면 할 수 없는 것으로, 혹은 죽을지 혹은 살지도 모르는 이런 점은 모두 고려 밖에 두어야 한다."라고 하였다. 그렇다. 세상에서 늘 대신(大臣)을 나라의 기둥이요 주춧돌이라고 하는 것은 바로 이런 것을 두고 하는 말이다.

應變第八

事機之發, 有常有變. 常者中人處之而有餘, 變者雖上智亦有所不足. 樽俎[1]之下, 卒然而報兵, 遽然而聞寇, 輒當詳其虛實, 度其逆順. 殆不可一聞其言輒倉皇上變[2], 徵發百出, 未見敵而先自撓也. 且事固有聲虛以釣實, 乘閒[3]以拘利, 傳微爲巨, 以無形爲有形, 疑似之間, 不可不察. 若夫國有大奸, 境有大敵, 彼旣非常, 而吾則以非常之計備之. 若乃泥文守經[4], 終見動輒有礙[5], 而事亦無所濟矣. 故古人遇此, 權[6]以濟才, 隨宜制變, 如丸轉於盤, 而不出於盤, 如水委曲赴海, 而不悖於海. 王商[7]聞大水之言, 君臣皆驚, 而商獨

必其無事. 桓溫[8]將移晉祚, 聲誅王謝[9], 而謝安雍容談笑以折其鋒. 回紇吐蕃
合兵涇陽, 郭子儀[10]單騎以往喻. 蓋宰相者, 非常之任也. 居非常之任獨不能
爲非常之事, 可乎? 故前輩謂, 「鎭定大事, 非至公至誠不能, 或死或生, 擧
置度外.」 嗚呼! 世常以大臣國家柱石者, 其謂玆與!

---

1 樽俎(준조) 술잔과 안주 그릇. 여기서는 '연회, 주연'의 의미다. * 樽—술통 준. 俎—도
마 조.

2 上變(상변) 변고를 위에 보고하다.

3 乘閑(승한) 틈이 있는 것을 틈타다.

4 泥文守經(이문수경) 글에 구속되고 경전을 고수하다.

5 見動輒有礙(견동첩유애) 걸핏하면 얼른 장애가 생기다. '見'은 '～되다'. '動'은
'걸핏하면'. * 礙—거리낄 애.

6 權(권) 임기응변의, 잠시, 임시로, 당분간.

7 王商(왕상) 한(漢)나라 사람으로, 자는 자위(子威)이며 관직은 승상을 지냈다.

8 桓溫(환온) 동진(東晉)의 무장(武將). 자는 원자(元子)로 관직은 대사마(大司
馬)를 지냈다.

9 王謝(왕사) 왕탄지(王坦之)와 사안(謝安).

10 郭子儀(곽자의) 당 대(唐代) 사람으로 자는 자의(子儀)이고, 시호는 충무(忠武)
다. 안사(安史)의 난을 평정하는 데 공을 세워 분양왕(汾陽王)으로 봉해졌다. 대
종(代宗) 때 회흘(回紇)과 토번(吐蕃)이 길을 나누어 침략해 오자 곽자의가 수십
기병을 인솔하여 회흘(回紇) 군대로 나가 그들을 설복시키고 또 결맹을 맺어 토
번(吐蕃)을 물리쳤다. 그리하여 위험한 시국을 안전하게 돌려놓았다.

바치기

신하가 군주에게 진언(進言)을 함에, 사건이 아직 없을 때는 진언을 하면, 열 중에 여덟이나 아홉은 그 말을 들어주고, 사건이 없을 때는 사냥도 즐기면서 날마다 서로 친하게 지낼 수 있다. 그러나 어느 날 해서는 안 될 일이 그 신하에게 생기면 이리저리 막아 주고 온 힘을 다해 구해 주려고 해도 구제된 자는 거의 본 적이 없다. 정치적으로 혹 그를 윤허해 준다 할지라도 그것은 역시 필히 억지에서 나온 것이며 군주의 본심은 아닌 것이다.

그런데 진언에 능한 사람은 그렇지 않다. 어전에 나가 군주를 뵐 때나 강독을 할 때나 편안하게 쉬고 있을 때나 일이 일어나기 전에 자세히 아뢰니, 이렇게 하면 나라가 안정이 되고 저렇게 하면 나라가 위태로우며, 이렇게 하면 성군이 되고 저렇게 하면 폭군이 된다는 식이다. 때로는 옛날이야기를 인용하기도 하고 때로는 조상의 일을 취하기도 하면서 반드시 임금으로 하여금 마음속으로 완전히 이해를 하고 그 표리(表裏)를 명확하게 알 수 있도록 하면 그 좋은 점이 잘 설명되어 상호 모순되는 우환은 없게 될 것이다.

옛날에 맹자(孟子)가 제(齊)나라 왕을 세 번이나 뵙고도 정사(政事)에 대해서는 이야기하지 않았던 것을 말할 때, "나는 우선 그 왕의 사악한 마음을 바로잡으려고 하였다."라고 하였다. 대신(大臣)이 임금을 모실 때 그 직분은 마땅히 이렇게 해야 되는 것이다.

옛날 사람들은 심지어 자기가 진언하는 것까지도 어려워하여 왕왕 나이 많고 덕 있는 자를 불러 좌우에 앉혀 놓고 임금으로 하여금 두렵고 꺼리는 마음에 감히 아무렇게나 못하게 하였으니, 이는 곧 고인들의 생각이 깊고 원대했던 결과라 할 것이다.

신하가 임금을 섬길 때 조정에 들어가서는 간절함으로 충성을 다하고 나와서는 겸손함으로 자신의 잘못을 깨달아야 하지만, 어쨌든 임금께 아뢰었던 내용은 외부에 누설을 하거나 다른 사람에게 자랑을 해서도 안 되는 것이다.

잘한 것은 임금에게 돌리고 잘못한 것은 자기에게로 돌리는 것, 이렇게 하는 이유는 의심쩍은 일을 멀리하고 화를 피하고자 하는 것이 아니라 대신(大臣)의 근본이기 때문에 당연히 그렇게 해야 하는 것이다. 곤괘(坤卦) 육삼(六三)에서 "아름다움을 간직해야 곧을 수가 있다."라고 하였는데, 역시 이런 의미를 말하는 것이다.

일찍이 근대 위정자들을 보니 간언할 말이 있으면 계속 중얼중얼하면서 오로지 다른 사람이 알아주지 못할까 봐 걱정을 하다가 끝에 가서 참언이 기회를 틈타고 들어오면 중도에 그만두는 경우가 많았다. ≪주역(周易)≫ 〈대계(大係)〉 편에, 이른바 "임금이 비밀을 지키지 못하면 신하를 잃고 신하가 비밀을 지키지 못하면 자신을 망치고 만다."라고 하였다. 참으로 훌륭한 말이다.

獻納第九

人臣之納言於君也, 事未然而言之, 則十從八九. 無事則游畋般樂[1], 日相親比[2], 一旦有所不可, 乃左遮右挽[3], 極其力以救之, 殆[4]未見其濟者, 政使或允, 亦必出於勉強, 而非其本心. 若夫[5]善於納言者則不然, 或因進見, 或因講讀, 或自燕居[6], 先事陳說, 如是則國安, 如是則國危, 如是則爲聖君, 如是則爲暴主. 或引古昔, 或援祖宗, 必使之心悟神會[7], 表裏洞然[8], 乃可陳善而無扞格之患[9]. 昔孟子三見齊王而不言事, 曰, 「我先攻其邪心[10].」大臣事君, 職當如此. 古人甚至有難於自言者, 往往旁召耆年宿德[11], 置諸左右, 使人君有所畏憚而不敢恣, 則其爲慮亦深遠矣. 雖然臣之於君也, 入則懇懇[12]以盡忠, 出則謙謙[13]以自悔, 凡所白於上者, 不可洩於外而伐諸人. 善則歸君, 過則歸己, 其若是者, 非欲遠嫌避禍[14], 大臣之體, 所當然也. 坤之六三, 「含章可貞[15]」, 蓋亦此意. 嘗見近代執政有所建白, 呶呶焉[16], 惟恐人之不知, 卒至讒譖乘之[17], 中途見棄. 『易·大係』所謂, 「君不密則失臣, 臣不密則失身.」諒哉!

---

1 游畋般樂(유전반악) 사냥놀이를 하며 즐기다. '般樂'은 '즐기며 노는 데에 연연하다'. * 畋—사냥할 전
2 親比(친비) 서로 친하게 무리를 짓다. 친하게 지내다.
3 左遮右挽(좌차우만) 왼쪽에서 막고 오른쪽에서 당기다. 즉 온 힘을 기울여 이리저리 막아 낸다는 의미다.
4 殆(태) 거의.
5 若夫(약부) 그런데, ~과 같은 것은, ~에 대해서는.
6 燕居(연거) 특별히 하는 일 없이 집안에 한가하게 있다.
7 心悟神會(심오신회) 마음속으로 깨닫고 이해하다.
8 洞然(동연) 명료하다. 명확하다. 매우 밝다.
9 扞格之患(한격지환) 서로 모순이 되는 우환. '扞格'은 '서로 저촉되다, 서로 용납되지 않다'. * 扞—막을 한.
10 이 인용문은 ≪순자(荀子)≫ 〈대략(大略)〉에 나오는 구절이다.
11 耆年宿德(기년숙덕) 나이가 많고 덕이 있는 사람.
12 懇懇(간간) 아주 정성스럽게.
13 謙謙(겸겸) 아주 겸손하게.
14 遠嫌避禍(원혐피화) 의심쩍은 일을 멀리하고 화를 피하다.
15 본 구절은 ≪주역(周易)≫ 〈곤괘(坤卦)〉에 나오는 구절이다.
16 呶呶焉(노노언) 떠들썩하게 계속 지껄이다. * 呶—지껄일 노.
17 讒譖乘之(참참승지) 참언이 이를 틈타고 들어오다. * 讒—참소할 참. 譖—참소할 참. 乘—탈 승.

퇴임

겸선(兼善)을 널리 베푸는 일은 사군자(士君子)의 보편적인 바람이라 할 것이다. 그러나 그런 뜻을 가져도 재능이 없으면 불가능하고 재능은 있어도 지위가 없으면 불가능하며, 지위는 있어도 윗사람에게 인정받지 못하면 불가능하고 인정을 받아도 소인들이 그를 이간질하면 불가능한 것이다.

그렇다. 이것이 곧 사대부가 밖으로 나가 세상을 위해 일하는 데 있어서의 어려움이다. 위로는 임금을 요순(堯舜) 같은 사람이 되도록 못한 것을 부끄러워하고 아래로는 한 사람이라도 혜택을 입지 못할까 봐 걱정하는 것이 마치 자기가 그들을 밀어서 도랑 속에 빠뜨린 것처럼 한다. 세상에서 즐길 수 있는 가무와 여색 같은 것이나 궁실 같은 집이나 진귀하고 이채로운 마차와 의복 같은 것이나 누릴 수 있는 것이라곤 하나도 없다. 그들이 가진 것이라고는 머리부터 발끝까지 천하 국가에 대한 걱정뿐이다.

임금 된 자는 정성으로 이와 같은 마음을 환하게 밝혀서 그들이 하는 모든 진언(進言)을 관대하게 대우하고 기쁘게 받아줄 수 있어야 그런대로 할 바를 했다고 할 것이다. 혹시 그들이 권력을 빼앗고 자기를 거역하지나 않을까 직언으로 명성을 취하려고 하는 것은 아닐까 이렇게 의심을 하게 되면 그들의 거동은 모두 죄악으로 보이게 되고 죽어도 몸을 묻을 곳이 없게 될 것이다.

그래서 자고이래로 충직하게 나라를 위하는 자는 적었고 아첨과 간사함으로 오직 자기만을 위하는 자는 많았다. 이는 다름이 아니라 자기를 위하면 복은 있고 화는 없지만, 나라를 위하면 화는 있고 복은 없었던 까닭이다.

그렇다. 임금 된 자가 이런 점들을 염두에 둔다면 임금에게 충성을 다하는 모든 자들이 견책을 당하는 경우는 절대 없을 것이다. 물론 성인(聖人)이 "도(道)에 합당하면 복종하고, 그렇지 않으면 떠나라."라고 말했지만, 신하 된 자 역시 조짐을 꿰뚫어 보고 선견지명을 가져서 치욕을 당하기 전에 물러 나야 어느 정도 임금과 신하 간에 둘 다 원망이 없게 될 것이다.

일찍이 보건대 전대(前代)에 욕을 면치 못했던 신하들은 대부분 나아갈 줄 만 알고 물러날 줄을 모르고 영예와 총애를 너무 연모해서 그렇게 된 것이었 으니, 오로지 나라에만 허물을 돌리는 것은 아마도 옳지 않을 것이다.

혹자는 말하기를, "합당하지 않으면 곧 떠난다는 것은 임금과 신하 사이 에 너무 박정한 것 아니냐?"라고 하였다. 가만히 생각을 해 보자면 임금과 신하는 의리로 합(合)해야 하는 것이고 그렇게 합해야 하는 까닭은 자신의 작위를 빛나게 하기 위함도 아니요 자신의 봉록을 이롭게 하기 위함도 아니 고 다만 도(道)를 행하고자 하는 데 불과할 따름이라고 해야 할 것이다. 도 가 행해지면 이를 따라 머물고 도가 행해지지 않으면 이를 따라 떠남으로써 너무 오래 머물러 멸시를 당하거나 사형 혹은 귀양에 처해지는 지경까지 가 지 않도록 하는 이것은, 군신의 명분을 중시하기 위한 것이지 어찌 경시하는 것이라 하겠는가?

退休第十

博施兼善[1], 士君子通願也. 然有志而無才則不能, 有才而無位則不能, 有位 而不見知於上則不能, 見知矣而小人間之則不能. 嗚呼! 此士大夫所以出而 用世之難也. 上焉, 恥其君不及堯舜, 下焉, 思一夫不被其澤, 若己推而納諸溝中. 世俗所樂, 若聲色, 若宮室, 若珍異車服之奉, 一皆無有. 其所有者, 自頂至踵, 天下國家之憂而已. 爲君上者, 誠能亮其如是之懷, 凡有所言, 優容喜納², 猶或庶幾, 其或疑其奪權違己, 賣直售名³, 將見舉動皆愆⁴, 而身死無所矣. 所以自古忠直爲國者少, 阿容佞詐⁵, 惟己之爲者多. 此無他, 蓋由爲己則有福而無禍, 爲國則有禍而無福故也. 嗚呼! 人君能以是思之, 則凡盡忠於我者, 萬不至於譴責矣. 雖然聖人謂「道合則服從, 不可則去」, 爲人臣者亦當燭幾先見⁶, 退身於未辱之前, 庶幾君臣之間, 兩無所慊. 嘗見前代爲臣不免者, 大率皆由知進不知退, 戀慕榮寵以致之, 殆不宜獨咎國家也. 或謂,「不可則去, 無乃於君臣之間太薄.」竊謂君臣以義合者也, 其所以合者, 非華其爵也, 非利其祿也, 不過欲行其道而已矣. 道行, 則從而留, 道不行, 則從而去, 不使久而至於厭鄙誅竄⁷之地, 乃所以厚君臣之分也. 奚薄焉!

---

1 兼善(겸선) 자신만이 아니라 다른 사람도 감화시켜서 착하게 하다.
2 優容喜納(우용희납) 관대하게 대우하고 기쁘게 받아 주다.
3 賣直售名(매직수명) 정직함을 팔아서 명예를 사다. * 售—팔 수.
4 舉動皆愆(거동개건) 모든 행동이 다 허물이다.
5 阿容佞詐(아용녕사) 아첨하고 간사하게 굴다.
6 燭幾先見(촉기선견) 일이 일어날 기미를 밝히고 선견지명한 지혜를 가지다.
7 厭鄙誅竄(염비주찬) 비루함을 싫어하고 죽이거나 귀양을 보내다. '厭鄙'은 '비루함을 싫어하다'. '誅竄'은 '형벌로 죽이는 일과 귀양을 보내는 일' * 厭—싫어할 염. 鄙—더러울 비. 誅—벨 주. 竄—숨을 찬.

부 록

≪목민충고(牧民忠告)≫ 서문

≪목민충고(牧民忠告)≫는 빈국(濱國) 장문충(張文忠) 공이 지은 책이다. 공은 도덕 정치로 천하에 이름을 날렸다. 그의 학문은 탁월하여 식견이 있었고 권모술수가 뒤섞여 있지 않았다. 그의 지조나 행동은 확실하여 지킬 것은 지켰고 권세나 이익에 그 신념을 빼앗기지 않았다.

대체로, 논의할 것들은 글에서 보여 주고 있고, 모든 일의 동정이나 해야 할 말과 행동을 보일 때는 하나라도 인의효제의 마음에 근거하지 않음이 없었다. 따라서 현령(縣令)이 되고 어사(御使)가 되고 참의중서(參議中書)가 되고 중승서대(中丞西臺)가 되었을 때도 그 언제나 행했던 바를 책에 기록하였으니, 이것이 곧 ≪풍헌충고(風憲忠告)≫요, ≪묘당충고(廟堂忠告)≫다. ≪목민충고(牧民忠告)≫는 공이 현령일 때 지은 것이다. 틈을 내어 이 책들을 구해 읽어 본 적이 있었는데 책을 덮으며 감탄하기를, "어찌 충후(忠厚)함이 이렇게 지극한가?"라고 하였다.

기억에 따르면 내가 약관(弱冠)의 나이일 때 돌아가신 아버지 문정부군(文靖府君)께서 나 사태(師泰)에게 말씀하시기를, "내가 옛날에 조정에 있을 때는 바로 황경(皇慶)과 연우(延祐) 연간으로, 인물들이 가장 많았단다. 그때 서로 알고 지낸 사람이 참으로 적지 않았지만, 그 뜻을 같이 하고 도를 같이 했던 자를 구함에 있어서 청하(淸河)의 원복초(元復初)와 제남(濟南)의 장희맹(張希孟)만 한 사람이 없었다. 두 사람이 일찍이 나에게 들른 적이 있었는데, 마음껏 논의를 하느라 날이 저물어도 차마 떠나지를 못하고 서로를 돌아보며 말하기를, '세상에 어찌 또 우리 세 사람처럼 뜻이 맞을 수가 있겠는가? 누구든 먼저 죽으면 나중에 죽는 사람이 반드시 이런 일들을 글로 써서 자손들이 대대로 잊지 않도록 하세.'라 하였다."라고 하였다.

30년이 지난 뒤 나 사태(師泰)는 적당한 사람이 없는 관계로 잠시 민해(閩海)의 헌사(憲使)를 제수 받았고, 장양호(張養浩) 공(公)의 아들 유원(惟遠) 역시 첨사(僉事) 벼슬을 받게 되었는데 이런 연고를 잠시 말하면서 서로 슬픔을 금할 수가 없었다. 마침내 이 글을 학궁(學宮)에 판각하여, 목민관(牧民官)들에게 규범이 되도록 하라고 청하였다.

아! 수년 동안 주(州)나 군(郡)에는 사고가 많았고 백성들은 만신창이가 되었으며, 그럴 때면 언제나 생각하기를, 현명한 태수나 현령이 한 명 있어 우리 백성들을 안정시킬 수 있었으면 했는데 그렇지 못하다가, 마침내 ≪충고(忠告)≫라는 이 책이 세상 교화에 보탬이 크게 될 것이라는 것을 알게 되었다. 천하의 수령(守令)된 자들로 하여금 각 가정에 이 책을 한 권씩 갖춰 놓고 이를 따르고 행하게 한다면, 선보(單父)와 무성(武城)의 교화라도 이것을 벗어나지 않을 것이니, 한 대(漢代)의 순리(循吏)라고 해도 어찌 족하지 않겠는가?

지정(至正) 15년 가을 9월 을사일, 후학 선성(宣城)의 공사태(貢師泰)가 서문을 쓰다.

≪牧民忠告≫序

≪牧民忠告≫者, 濱國張文忠所著書也. 公以道德政事, 名於天下. 其爲學則卓乎有所見, 而不雜於權術. 其操行則確乎有所守, 而不奪於勢利. 凡見諸論議文字之間, 施諸動靜云爲之際, 蓋無一不本於仁義孝弟之心也. 故自爲縣令, 爲御史, 爲參議中書, 爲中丞西臺, 皆卽其所行, 著之簡策, 有曰《風憲忠告》, 曰《廟堂忠告》, 而《牧民忠告》則爲令時著也. 閒嘗盡得而讀之, 廢書而歎曰:"是何忠厚之至哉!" 因記弱冠時, 先子文靖府君, 語師泰曰:"我昔在朝, 當皇慶、延祐間, 人物最盛. 一時相知固不少, 然求其志同道同者, 莫淸河元復初、濟南張希孟若也. 二人嘗聯鑣過我, 慷慨論議, 日昃不忍舍去, 且相顧曰:'世豈復有相得如吾三人? 孰先死, 則後死者當銘諸, 使子孫世世無相忘也.'" 後三十年, 師泰承乏閩海憲使, 而公之子惟遠, 亦僉司事, 聞語其故, 則相對悽愴不已. 遂請此書刻諸學宮, 以規夫牧民者. 嗚呼! 數年以來, 州郡多故, 黎民瘡痍, 每思一賢守令, 以安靖吾民而不可得, 乃知《忠告》之有補於世敎也, 深矣. 使天下之爲守令者, 家藏一書, 遵而行之, 雖單父武城之化, 不外是矣, 奚漢循吏之足論哉!

至正十五年秋九月乙巳, 後學宣城貢師泰序.

≪풍헌충고(風憲忠告)≫ 서문

이전에 듣자 하니, 숭안(崇安) 현령 추종길(鄒從吉) 보(甫)가 충성과 신의로써 백성을 잘 다스리고, 백성들도 그 다스림을 좋아하더라고 하였다. 나는 숭안을 지나가다가 종길을 만나 백성을 다스릴 때 무엇을 우선으로 하였느냐고 물었더니, 그는 책 한 권을 내놓으면서 "제가 불민하지만 엉성하게나마 일개 벼슬아치로서의 힘을 다할 수 있었음은 이 책의 힘이었습니다."라고 하였다.

내가 그 책을 펼쳐 보니 빈국(濱國) 장문충(張文忠) 공이 현령을 지낼 때 지은 책이었는데, 책은 옛 선인의 아름다운 말과 선행을 가려 뽑아 마음을 바르게 하고 몸을 닦는 것으로부터 시작하여, 임금을 섬기고 백성에게 은혜를 베풀며, 간사한 자를 적발하고 의혹을 해결해 주며, 가엾은 자를 구휼하고 세금을 잘 다스리는 것에 이르기까지, 모두가 다 군현(郡縣)에 본보기가 될 만한 것들로, 그 적절함이 간곡하지 않음이 없고 또한 간단하면서 행하기 쉽고, 간략하면서도 지키기 쉽게 되어 있었는데, 이를 명명하여 ≪목민충고(牧民忠告)≫라고 하였다.

내가 서울에 객(客)으로 있을 때, 일찍이 대신(臺臣)의 집에서 이른바 ≪풍헌충고(風憲忠告)≫라는 책을 본 적이 있었는데, 풍기(風紀)에 관한 중요한 일을 언급한 것으로 모두 10장이었으며, 이 역시 공(公)이 어사(御使) 때 지은 것이었다.

금년에 나는 민해(閩海)에서 감헌(監憲) 장공(莊公)을 알현했었는데, ≪풍헌충고(風憲忠告)≫를 내놓으면서 앞으로 나무판에 내용을 새겨서 그것을 널리 전려고 함에 나에게 서문을 써 달라고 하였다. 내가 또 다시 이 책을 볼 수 있었음에 감탄하여, "문충공은 참으로 어진 사람이로다."라고 하였다.

어진 자는 자기 혼자만 잘하는 것을 부끄러이 여겼기에 자신이 현령(縣令)이 되었을 때는 목민의 도리를 잘 체득하여 천하의 목민관들로 하여금 그들이 도리를 다하도록 한다. 자신이 헌신(憲臣)이 되었을 때는 기강(紀綱)을 진작시키고 천거나 꾸짖음을 신중히 하고 남들이 말하기 곤란해 하는 말을 하여, 천하의 헌신(憲臣)된 자들로 하여금 그들이 모두 그렇게 하도록 한다. 그 마음을 천하에 공정하게 하고 그 몸을 사사롭게 하지 않기에 비록 영윤 자문(令尹子文)의 충성이라도 이에 미치지 못하게 된다.

《서전(書傳)》에서 말하기를, "어진 자의 말은 그 이로움이 넓다."라고 하였다. 바로 이 책은 어진 자의 말이라고 할 수 있을 것이다. 당시 문충공의 아들 장인(張引)이 민해(閩海)의 감헌(監憲) 첨사로 와 있었는데, 선세(先世)의 덕행을 잘 이룰 수 있었다고 한다.

지정(至正) 을미년(乙未年) 가을, 임천생(林泉生)이 서문을 짓다.

《風憲忠告》序

曩聞崇安令鄒從吉甫, 能以忠信使民, 民亦樂其治. 予過崇安, 會從吉問所治何先. 卽出書一卷曰,「某不敏, 粗效一官者, 此書之力也.」予閱其書, 則濱國張文忠公, 爲縣令時所著, 采比古人嘉言善行, 自正心修身, 以至事上惠下, 摘姦決疑, 邺隱治賦, 凡可爲郡縣楷式者, 無不曲盡其宜, 且簡而易行, 約而易守, 名之曰《牧民忠告》. 及余客京師, 嘗於臺臣之家, 見所謂《風憲

忠告≫者, 言風紀要務凡十章, 亦公爲御史時所著也. 今年余謁閩海監憲莊
公, 出≪風憲忠告≫, 將鋟梓以廣其傳, 俾余序之. 余得重觀是書, 則歎曰,
"文忠眞仁人也." 仁者恥獨善於己, 己爲令長, 得牧民之道, 欲使天下牧民之
吏, 人人盡其道. 己爲憲臣, 能振紀綱, 愼擧刺, 言人所難言, 欲使天下爲憲
臣者, 人人皆然. 公其心於天下, 而不私其身, 雖令尹子文之忠, 不及此也.
≪傳≫曰, "仁人之言, 其利博哉." 是書可謂仁人之言矣 時文忠公之子引,
來僉閩憲, 克濟世德云.

至正乙未秋, 林泉生序.

≪묘당충고(廟堂忠告)≫ 서문

사군자(士君子)는 이 세상에 태어나 배움에 힘써 그 도를 행하고 자신의 주장을 확실하게 내세워 그 도를 밝히기 때문에 죽고 없어도 죽지 않는 것과 같다.

내 고향의 운장(雲莊) 장희맹(張希孟) 선생은 원(元)나라 명신(名臣)으로 도덕과 문장으로 당시에 이름을 날렸다. 나 호(顥)는 늦게 태어나 선생의 문하에서 친히 가르침을 받지 못하였다.

일찍이 부친을 모시고 있을 때 선생에게 ≪목민충고(牧民忠告)≫·≪풍헌충고(風憲忠告)≫·≪묘당충고(廟堂忠告)≫ 등의 책이 있다는 말은 들었지만 한 번도 보지는 못했다. 그리고 선생께서는 서대중승(西臺中丞)을 지낼 때 백성들이 굶어죽는 것을 불쌍히 여겨 시를 지어 조정에 알렸다고 들었는데 시에서 말하기를, "서풍에 말을 끌고 장안을 지나는데, 굶어 죽은 시체들이 길에 가득한 걸 차마 볼 수가 없었다. 10리 길가에 묻힌 수백 수천의 무덤들, 한 가족이 내는 곡소리 두셋쯤 되는 것 같다. 개가 물고 있는 뼈에는 아직 힘줄이 있고, 까마귀가 쪼고 있는 갓 죽은 시체에는 아직 피도 마르지 않았다. 조정의 현명한 재상에게 이 말 전하노니, 강심장이라도 이 말 들으면 비통해 하리라."라고 하였다.

그러고는 곧 곡식을 풀어 구제를 하자 백성들이 이것에 힘입어 살아난 자가 셀 수 없었다. 선생의 특별한 공적과 큰 덕을 볼 때 그 유별남이 대개 이와 같았다.

금년 여름에 나는 공무(公務)로 고주(高州)를 지나다가 선성(先聖)의 묘를 배알하게 되었는데, 유학교수인 고(高) 모씨가 내가 제(濟)나라 사람이라는 것을 알고는 선생이 지은 ≪묘당충고(廟堂忠告)≫를 비롯해 여러 편을 꺼내 주었고, 나는 이 책들을 받아 전부 다 읽고 그동안 마음속으로만 가지고 있던 한스러움이 시원스럽게 풀릴 수 있었다.

아, 공의 마음 씀씀이가 이렇게 어질었다니! 오직 자신에게만 잘하려고 했을 뿐만 아니라 또한 다른 사람에게까지도 선량하고자 하였던 것이다. 그래서 은근히 하늘의 이치를 도와 주고 대대로 내려오는 가르침을 도와 주고 기강을 유지시켜 주고 다스림의 도리를 바로잡아 주는 것으로써, 이 책 말고 뭘 말하겠는가?

또 도(道)는 옛날이나 지금이나 차이가 없고 앞이나 뒤나 다름이 없는 것인데, 다만 성인이 우리보다 먼저 마음속의 똑같이 여기는 바를 얻었을 뿐이다. 만일에 똑같이 여기는 바를 얻었다면 비록 수많은 세월이 지났다 할지라도 오히려 하루와 같은 것이라 할 것이다.

아, 임금을 섬기는 핵심과 정치에 종사하는 방법이 이 책에 갖추어져 있으니 어찌 감히 혼자 소유하겠는가? 이를 사방에 전할 수 있도록 기능공에게 인쇄용 목판에 새기도록 명령하여 동지들과 이를 함께 하고자 한다.

홍무(洪武) 23년 경오(庚午)년 6월 초, 광동(廣東) 등처(等處) 승선포정사사(承宣布政使司) 좌참의(左參議) 근호(靳顥)가 서문을 쓰다.

≪廟堂忠告≫序

士君子之生斯世也, 力學以行其道, 立言以明其道, 故雖沒猶不沒也. 吾鄉雲莊張先生希孟, 元之名臣也. 道德文章, 著聞當時. 顥生也晚, 不獲親炙先生之門. 嘗侍先君子, 聞先生有《牧民忠告》、《風憲忠告》、《廟堂忠告》等書, 而不一見. 又聞先生爲西臺中丞時, 憫民饑死, 作詩白於朝, 有曰, "西風疋馬過長安, 饑殍盈途不忍看. 十里路埋千百冢, 一家人哭兩三般. 犬銜枯骨筋猶在, 鴉啄新屍血未乾. 寄語廟堂賢宰相, 鐵人聞此也心酸. 即發粟賑貸, 民賴以活者, 不可勝數. 先生之奇功碩德, 類蓋如此. 今年夏, 予以公務過高州, 謁先聖廟, 儒學教授高某, 知予齊人, 因出先生所著《廟堂忠告》諸編, 予得盡讀之. 則昔之不慊於心者釋然矣. 嗟夫! 公之用心仁矣哉! 不惟有以善諸己, 又欲有以淑諸人. 所以陰相天常, 扶助世教, 維持紀綱, 匡弼治道者, 舍是書何以哉. 且道無古今前後之殊. 但聖人先得我心之所同然爾, 苟得其所同然, 雖越千百載猶一日也. 嗟夫! 事君之要, 爲政之方, 具在此書, 豈敢獨私, 是用命工鋟梓傳諸四方, 與同志共之.

洪武二十三年庚午六月朔廣東等處承宣布政使司左參議靳顥序

≪삼사충고(三事忠告)≫ 서문

정치를 하는 이치에 대해서는 육경(六經)의 자부(子部)와 사부(史部)에 해와 별처럼 환하게 밝히고 있다. 그러나 너무 넓고 끝이 없어 그 요체를 잘 아는 자가 없다. 그 요체를 아는 사람이 아주 드물다는 점, 이것이 곧 ≪충고(忠告)≫라는 책을 지은 이유다. 균형을 잡고 풍기를 맡은 사람은 임금의 심복이요 조정의 귀와 입이 되며 백성과 나라를 책임진 사람은 또한 교화의 원천이니 이 세 가지 일은 참으로 중요하고 가볍지 않다는 것이 확실하다.

대개 인생은 그 어떤 경우든 일치되지 않고 평소 생활에서 완전한 선을 추구하는 사람은 열에 두셋도 되지 않는다. 하물며 정치하는 사람에게 풍속의 아름다움과 추악함이 이에 연계되어 있고, 살아가는 백성들의 여유와 근심이 이에 연계되어 있으니 어찌 다스림의 요체를 몰라서 되겠는가?

이로써 제남(濟南)의 호가 운장(雲莊)이요 자가 희맹(希孟)인 장양호(張養浩) 선생이 현령이 되고 대신이 되고 정부 요직에 올랐을 때, ≪목민충고(牧民忠告)≫·≪풍헌충고(風憲忠告)≫·≪묘당충고(廟堂忠告)≫라는 책을 각각 1권씩 저술하였으니, 이는 벼슬하는 자들에게 규범이 되는 책이다. 그러나 이들이 따로 흩어져 있어서 함께 보기가 어려웠다.

이에 헌첨(憲僉) 황사홍(黃士弘)이 책을 볼 때 하나라도 보지 못할까 하여, 마침내 선생이 지은 글 셋을 한 권으로 합쳐 총 94조목이 됨에, 명명하여 ≪위정충고(爲政忠告)≫라 하였다. 잘못된 것은 고치고 물어보아 분명하게 함으로써 마치 구슬이 빛나고 곡식이 맛난 것처럼 되었다. 임금을 섬기고 자기를 반성하며 백성을 다스리는 요체로부터 시작하여 갖추어 싣지 않음이 없었다.

공은 양주(揚州) 사람으로서, 주감(冑監)으로부터 출발하여 광서(廣西)의 풍헌(風憲)을 맡았으며, 관직 6년 만에 정치에서 명성이 크게 드러나게 되었으니, 어찌 이 책의 요체를 얻은 자가 아니라 할 수 있겠는가? 공은 자기만이 이를 사유화하지 않고, 장인(匠人)들에게 이를 판각하여 널리 전하도록 명하였으니 그의 마음 씀씀이 또한 돈후하다 할 것이다.

간간이 내게 첫머리에 서문을 쓰라고 부탁하였는데, 서문이라는 것은 책을 지은 뜻을 서술하는 것이라고 나는 생각한다. 이 책을 보면 할 말이 다 갖추어져 있으니 그 외에 무슨 말을 따로 할 수 있겠는가? 그렇기는 하지만 이 글의 번다한 조목을 크게 요약하면 세 가지라 할 수 있으니 충(忠)이요 경(敬)이요 인(仁)일 뿐이다. 진실로 충성으로써 윗사람을 섬기고 경으로써 자신을 단속하고 인으로써 백성을 보살피면 이부(伊傅)의 공명이나 한범(韓范)의 풍채나 역사책에 뛰어난 사람들만이 어찌 이전의 훌륭함을 전유할 수 있겠는가? 장차 황제의 교화가 밝게 드러나고 백성들이 부유하게 되면 옹화(雍熙) 때의 그 다스림이 오늘에 실현될 수 있을 것이다.

홍무 22년 2월 22일, 진련(陳璉)이 서문을 쓰다.

≪三事忠告≫序

爲政之道, 載在六經子史, 昭如日星. 然浩瀚無涯, 莫識其要. 識其要者固鮮, 此忠告之書所由作也. 且秉鈞衡司風紀者, 爲人君腹心, 朝廷耳目. 而任民社者, 又敎化之源職. 此三事信重匪輕較然矣. 蓋人生萬有不齊, 欲求其平居所爲盡善, 十無二三. 況爲政者, 風俗美惡係焉, 生民休戚闊焉, 可不知其出治之要乎? 是以濟南雲莊希孟張先生, 自其爲縣令臺臣及登政府時, 所著《牧民》《風憲》《廟堂忠告》之書各一卷, 爲仕者規. 然皆散出, 難以竝觀. 於是憲僉黃公士弘懼覽者弗一, 遂取先生所著三書合爲一卷, 總九十四條, 名曰《爲政忠告》. 訂訛質謬, 粲然明白, 若珠璧之爲輝, 菽粟之爲味. 自事君省己治民之要, 靡不具載. 公維揚人, 由冑監發身, 來任廣西風憲, 在官六年, 政聲昭著, 豈非得是書之要者耶. 公不私諸己己, 命工鋟梓以廣其傳, 用心亦厚矣. 間屬余序其端, 余謂序者所以序其作之之意. 觀是書爲説備矣, 餘尙奚言. 雖然, 是書之編厥目則繁, 大要有三, 曰忠曰敬曰仁而已. 誠能忠以事上, 敬以持己, 仁以恤民, 則伊傅功名, 韓范風采, 卓然史冊者, 豈得專美於前哉. 將見皇風清明, 黎民富庶, 雍熙之治實見於今曰也.

洪武二十二年二月二十二日陳璉序

≪사고전서총목제요(四庫全書總目提要提要)·삼사충고 (三事忠告)≫

≪삼사충고(三事忠告)≫ 4권은 원 대(元代) 장양호(張養浩)가 지은 것이다. 장양호의 자는 희맹(希孟)이요 호는 운장(雲莊)이며 제남(濟南) 사람이다. 관직은 예부상서(禮部尙書) 참의중서성사(參議中書省事)에 이르렀다. 천력 (天歷) 연간에 섬서행대중승(陝西行臺中丞)을 제수 받았고 죽은 뒤의 시호 는 문충(文忠)이다. 그의 사적은 ≪원사(元史)≫ 본전에 갖추어져 있다.

장양호가 현령(縣令)을 지낼 적에 ≪목민충고(牧民忠告)≫ 2권 총10장 74 조목을 지었고, 어사(御史)를 지낼 적에 ≪풍헌충고(風憲忠告)≫ 1권 총 10 편을 지었으며, 중서성(中書省)에 들어가서는 ≪묘당충고(廟堂忠告)≫ 1권을 지었는데 역시 10편이었다.

그 말들이 모두 절실하고 이치에 가까우며 물정에 어둡지 않다. 대개 장양 호는 실제적인 정사(政事)에 마음을 두고, 자신이 직접 보고 겪은 것들을 열 거하여 글을 지었던 것으로, 학문을 강의하는 사람들이 담론에 힘쓰고 앉아 서 말이나 할 줄 알았지 일어나서 시행하지 못하는 그런 글들이 아니다.

명 대(明代) 장륜(張綸)은 ≪임천수필(林泉隨筆)≫에서 이렇게 말했다. "장 문충공의 ≪삼사충고(三事忠告)≫는 참으로 지위를 가진 사람들에게 훌륭 한 규범이 된다. 그가 현령(縣令)으로 있을 때의 것을 보면 현령의 법식이 있 고, 대헌(臺憲)으로 있을 때의 것에는 대헌에 대한 훈계가 있고, 재상일 때 의 것에는 재상으로서의 대계(大計)가 있다. 대단히 순수하고 밝아서 덕 있 는 사람의 말이라 할 것이다. 그의 사람 됨됨이를 살펴보면 충성을 다하고 국가에 보답하며 광명정대하여 자기의 말을 실천하지 않은 것이 하나도 없었다."라고 하였다. 이러한 이야기에서 하고 있는 말들은 실제에 부합된다고 할 것이었다.

　세 권의 책은 같은 시기에 지어진 것이 아니라, 본래는 각각 따로 편찬된 것이었다. 명나라 홍무(洪武) 22년에 광서(廣西) 안찰사(按察司) 첨사(僉事)였던 양주(揚州) 출신 황사굉(黃士宏)이 이를 합쳐서 한 권으로 만들어 새기고, 통합한 제목으로 ≪위정충고(爲政忠告)≫라 하였으며, 진련(陳璉)이 여기에 서문을 쓴 것이다. 선덕(宣德) 6년에 하남부(河南府)의 지부(知府)였던 이기(李驥)가 중각(重刻)을 하면서 이름을 바꾸어 ≪삼사충고(三事忠告)≫라 하였다. ≪상서(尚書)≫에 따르면, 임인(任人)과 준부(準夫), 그리고 목(牧)을 삼사(三事)라고 하였고, ≪시경(詩經)≫에서는 삼사대부(三事大夫)를 모두 왕의 좌우에 있는 높은 품계라고 하였다. ≪묘당충고(廟堂忠告)≫에 대해서는 원의(原義)에 가깝지만, 어사(御史)나 현윤(縣尹)은 그와 같은 반열에 들지 않는다. 만약에 세 가지 직책을 다스리는 삼사라고 한다면, 자기 임의대로 옛것을 고치는 것이 되므로, "위정"이라는 명칭으로 모든 것을 포괄할 수는 없게 될 것이다.

　대개 명 대(明代) 사람들은 판본을 만들 때 새로 이름 짓기를 좋아하였지만 옛 뜻에 합치되는지 그 여부는 헤아리지 않은 듯하다. 이미 이렇게 수백 년을 지내 왔기에 다시 바르게 할 수가 없다. 지금 임시로나마 통행하는 명칭으로 기록하되 앞에서와 같이 잘못된 점을 교정하여 붙이는 바이다.

≪四庫全書總目提要提要·三事忠告≫

≪三事忠告≫四卷, 元張養浩撰. 養浩字希孟, 號雲莊, 濟南人. 官至禮部尙

書, 參議中書省事. 天歷中, 拜陝西行臺中丞. 卒諡文忠. 事迹具≪元史≫本
傳. 養浩爲縣令時, 著≪牧民忠告≫二卷, 凡七綱, 七十二子目. 爲御史時,
著≪風憲忠告≫一卷, 凡十篇. 入中書時, 著≪廟堂忠告≫一卷, 亦十篇. 其
言皆切實近理, 而不涉於迂濶. 蓋養浩留心實政, 擧所閱歷者著之. 非講學
家務爲高論, 可坐言而不可起行者也. 明張綸≪林泉隨筆≫曰: "張文忠公≪
三事忠告≫, 誠有位者之良規. 觀其在守令則有守令之式, 居臺憲則有臺憲
之箴, 爲宰相則有宰相之謨. 醇深明粹, 眞有德者之言也. 考其爲人, 能竭忠
徇國, 正大光明, 無一行不踐其言." 云云, 其推挹可謂至矣. 三書非一時所
著, 本各自爲編. 明洪武二十二年, 廣西按察司僉事揚州黃士宏合爲一卷刻
之, 總題曰≪爲政忠告≫, 陳璉爲之序. 宣德六年, 河南府知府李驥重刻, 改
名≪三事忠告≫. 考≪書≫稱任人, 準夫, 牧作三事, ≪詩≫稱三事大夫皆在王
左右之尊階. 施於≪廟堂忠告≫, 猶爲近之. 御史縣尹, 不在是列. 如曰以三
職所治爲三事, 則自我作古, 轉不及"爲政"之名爲該括一切矣. 蓋明人書帕
之本, 好立新名, 而不計其合於古義否也. 相沿已數百年, 不可復正. 今姑以
通行之名著錄, 而附訂其乖舛如右.

三事忠告 - 백성의 행복, 그대 손에 달렸네

초판 1쇄 인쇄 • 2015년 1월 28일
초판 1쇄 발행 • 2015년 2월 10일

지은이 • 장양호
옮긴이 • 한상덕
펴낸이 • 권순기 | 경영 • 김명주
편집 • 김종길^{책임편집}, 이은애^{국어문화원} | 디자인 • 김성은

펴낸곳 • 경상대학교출판부
주소 • 경남 진주시 진주대로 501
전화 • 055) 772-0801~2
FAX • 055) 772-0809
E-mail • gspress@gnu.ac.kr
홈페이지 • http://gspress.gnu.ac.kr
등록 • 1989년 1월 7일 제16호

이 도서의 국립중앙도서관 출판시도서목록(CIP)은 서지정보유통지원시스템 홈페이지(http://seoji.nl.go.kr)와
국가자료공동목록시스템(http://www.nl.go.kr/kolisnet)에서 이용하실 수 있습니다.
(CIP제어번호: CIP2015002598)